INTERESTING
HISTORY

历史就是这么有趣

原来古代是这个样子

邢 越/主 编

天 地 出 版 社 | TIANDI PRESS

超级有趣的历史，感受历史正能量！

"中国历史源远流长，曾经……"停！这老掉牙的故事谁还爱听？这次咱们来点儿趣味十足的爆料，怎么样？想知道中华民族是如何经历无数的挫折和坎坷，创造灿烂与辉煌的吗？快翻开这本书，寻找答案吧！来吧，咱们一起说说历史上的那些事儿：古代是什么样子的？战争只是一场游戏吗？古代国家是不是和现代国家一样？历史上发生过哪些奇怪的事情？谁是战无不胜、攻无不克的名将？历史带给人们哪些智慧启迪？历史上到底有多少悬而未解的谜团？……

这些问题都能在书中找到答案。我们推出的这套《历史就

是这么有趣》，就是为你呈上的一份"超级历史大餐"！本套书选取了历史上精彩的事件和著名的人物，通过新颖的方式、动听的故事、生动的讲述，重新为你展示历史的无穷魅力！此外，为了进一步帮你了解历史，我们还设置了"历史大视野""历史揭秘""趣闻播报"等小栏目。这些极具趣味性、知识性和实用性的小栏目，能更好地帮你拓宽视野、增长知识。同时，精美的手绘插图全面而直观地再现了波澜壮阔的历史场景，增添了文章的可读性。

这绝对是一套超级有趣的历史书！现在，请你马上换个思维、换个方式，甩掉枯燥、甩掉说教，在轻松愉悦的氛围中，探寻你最感兴趣的历史话题吧！

目录 CONTENTS

目录 CONTENTS

[上古传说]

盘古开天辟地

在遥远的太古时代，整个宇宙还是一片混沌，就像一颗硕大无比的鸡蛋。可就在这混沌之中，却孕育着一个伟大的生命，他就是盘古。

过了一万八千年，盘古从沉睡中醒来，只见周围一片黑暗。盘古觉得燥热难耐，便伸了一下胳膊，想舒展舒展筋骨，但"鸡蛋"紧紧地包裹着他，使他动弹不得。盘古不禁怒火万丈，他抓起身边的巨斧，用力一挥。随着一声巨响，"鸡蛋"骤然裂开。

其中那些轻盈清澈的东西慢慢上升，成为天空；那些浑浊沉重的东西缓缓下沉，变成大地。天地就这样分开了！盘古唯恐它们会重新合在一起，于是，他头顶天空，脚踏大地，将天地支撑开来。如此，盘古每长高一丈，天就增高一丈，地也增厚一丈。

又过了一万八千年，盘古变成了一位顶天立地的巨人。他的身子足有九万里长，而天地的间隔也足足有九万里，再也不会合拢了。这时，盘古的力气已经耗尽，他轰然倒地，死去了。

然而，盘古的身体却发生了奇异的变化：他的双眼变成了太阳和月亮；他嘴里呼出的气流，变成了春风和云雾；他的头发和胡须变成了森林和鲜花、绿草；他的汗珠变成了满天星斗；他的四肢变成了五岳高山；他的血液变成了江河湖海；他的牙齿和骨骼变成了金银铜铁、玉石宝藏；他的唾液变成了甘霖雨露……混沌化育而成的盘古，就这样开辟了天地。

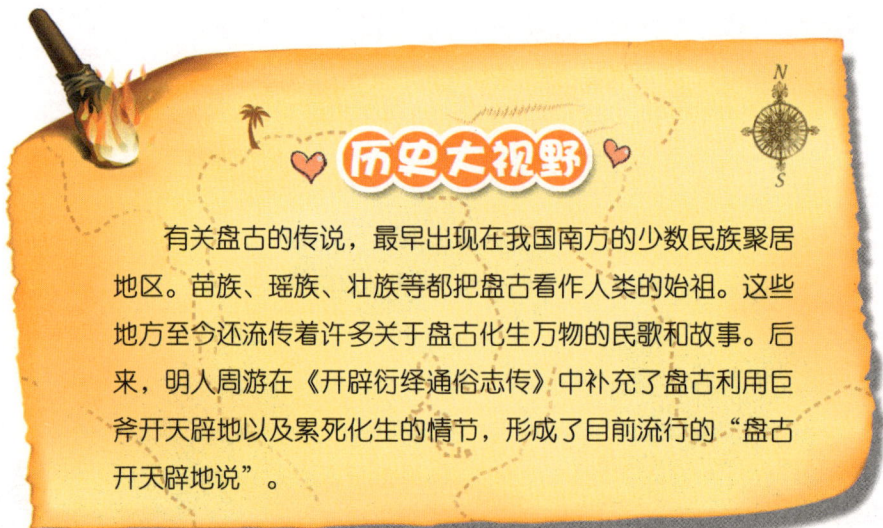

历史大视野

有关盘古的传说，最早出现在我国南方的少数民族聚居地区。苗族、瑶族、壮族等都把盘古看作人类的始祖。这些地方至今还流传着许多关于盘古化生万物的民歌和故事。后来，明人周游在《开辟衍绎通俗志传》中补充了盘古利用巨斧开天辟地以及累死化生的情节，形成了目前流行的"盘古开天辟地说"。

女娲造人

盘古开辟了天地后，那些残留在天地间的浊气慢慢演化成鸟兽鱼虫。从此，天上百鸟飞鸣，地上群兽奔跑，水里鱼虾嬉戏，草中虫豸跳跃，为寂静的世界增添了许多生机。

不知什么时候，世界上出现了一位人首蛇身的女神，她的名字叫女娲。

女娲一个人在广阔的天地中游走，总觉得有一种说不出的寂寞。日子越久，这种寂寞越强烈，连她自己也不知是什么原因。这一天，女娲来到一个池塘边，池塘里的水很清澈，女娲看到自己映在水里的影子，豁然开朗。

是啊，为什么她总觉得寂寞？原来是因为世界上缺少一种像她一样的生物！

想到这儿，女娲马上动起手来。她从池塘边挖了一些土，和上水，照着自己的影子捏了起来。不一会儿，一个小小的东西捏成了，它的模样和女娲差不多。女娲将它放到了地上，它

居然活了！

女娲见了满心欢喜，接着又捏了许多这种小东西，并将它们取名叫作"人"。

这些"人"是仿照女娲的样子造出来的，气质举动自然与其他的生物有所不同。他们在女娲的身边欢呼雀跃了一阵，慢慢走开了。

女娲的心一下子热乎起来。她想把世界变得热热闹闹，便不停地工作起来。

她捏了一个又一个，但世界太大了，女娲的双手都捏得麻木了，大地上的人仍然很少。这样下去怎么行呢？于是，女娲折下一条藤蔓，伸入泥潭，蘸了好些泥浆向地上甩去。那些泥浆掉在地上，也都变成了一个个小人。

女娲高兴极了，她不停地挥着藤蔓，就这样，大地上到处都有了人。这些人有的爬到山上，有的跑到水边，有的走进森林，开始了自己的生活。

后来，女娲觉得有些累了，便停止了工作。她决定四处走走，看看那些人生活得怎么样。

这一天，女娲来到一个地方。这里安静极了，地上躺着许多人，一动也不动。女娲俯下身，发现这正是她最早造出的那些人，他们鬓发斑白，已经死去了。

女娲见到这种情形，不禁暗暗着急。自己这样辛苦地造人，人却不断地衰老死亡。这样下去，要是想让世界上一直有人，岂不是要不停地制造？这可不是办法。

于是，女娲便仿照万物，让男人和女人结成夫妻，繁衍后代。人类就这样延续下来了。

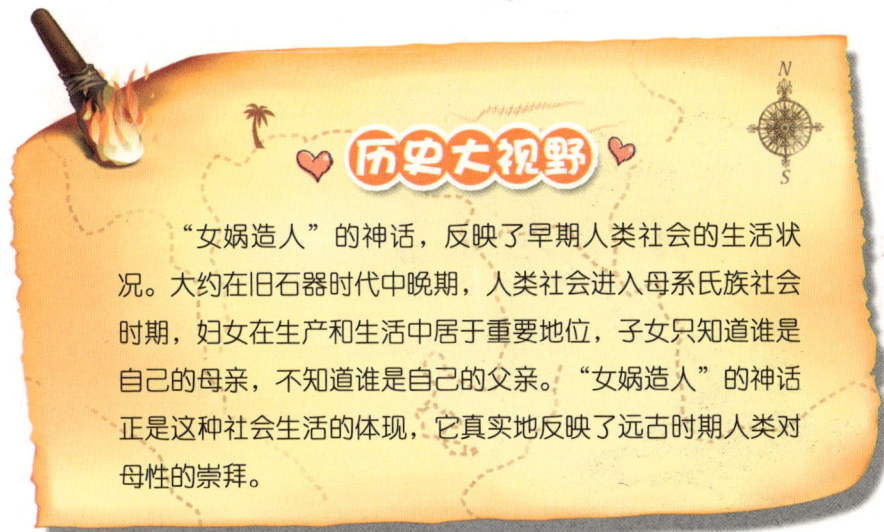

历史大视野

"女娲造人"的神话，反映了早期人类社会的生活状况。大约在旧石器时代中晚期，人类社会进入母系氏族社会时期，妇女在生产和生活中居于重要地位，子女只知道谁是自己的母亲，不知道谁是自己的父亲。"女娲造人"的神话正是这种社会生活的体现，它真实地反映了远古时期人类对母性的崇拜。

燧人氏钻木取火

在远古时期，人们不知道有火，也不知道用火。到了夜里，四周一片漆黑，各种野兽的吼声此起彼伏，人们蜷缩在一起，又冷又怕。由于没有火，人们只能吃生的食物，因此经常生病，寿命也很短。

天神看到人们的生活这样艰辛，心里很难过。于是，他降下一场暴雨。只见雷电交加，随着咔嚓一声响，一道闪电劈在树木上，燃起了大火。人们从来也没有看到过这种情景，吓得四散奔逃。

不久，雨停了，人们从藏身的地方钻出来，惊恐地看着还冒着火光的树木。这时，一个年轻人突然发现四周野兽的叫声没有了。他想："难道野兽害怕这个发亮的东西

吗？"于是，这个年轻人勇敢地走到火边。"好暖和啊！"他兴奋地喊起来。听了他的话，人们纷纷围拢过来。这时，有人发现不远处有许多烧死的野兽，散发着阵阵香味。他们捡起来尝了尝，味道好极了。人们这才明白，这一切都是火带来的。于是，他们捡来树枝，点燃火，保留起来。每天都有人轮流守着火种，不让它熄灭。可有一天，由于看守火种的人贪睡，树枝燃尽，火熄灭了。人们重新陷入了黑暗和寒冷之中。

天神看到了这一切，便在梦里告诉那个年轻人："在遥远的西方有个燧明国，那里有火种，你可以去那里把火种取回来。"年轻人醒来后，决定去寻找火种。

年轻人翻过高山，涉过大河，穿过森林，历尽千难万险，终于来到了燧明国。可是这里没有阳光，不分昼夜，四处一片漆黑，根本没有火。年轻人又累又饿，便坐在一棵叫作"燧木"的树下休息。这时，他突然发现眼前闪过一点儿亮光，仔细一看，原来是几只大鸟正在啄燧木上的虫子。只要它们一啄，树上就闪出明亮的火花。年轻人心中一动，他立即折下一些树枝，用小树枝去钻大树枝，树枝上果然闪出了火光。年轻人高兴极了，他兴奋地回到家乡，为人们带回了永远不会熄灭的火种——钻木取火的办法。从此，人们再也不用生活在寒冷和恐惧中了。

人们被这个年轻人的勇气和智慧折服，推举他做了首领，并称他为"燧人氏"，也就是"取火者"的意思。

有巢氏筑木为巢

在上古时期，人们并没有房子，只能四处游荡，如果遇到刮风下雨，只好无奈地忍受。不但如此，由于地面上到处都是猛兽，因此，人类经常受到攻击。人们常常一觉醒来，发现同伴已经被野兽咬死、拖走，或者野兽就睡在自己的身边。为此，他们整日担惊受怕，惶恐不安。为了躲避这些危险，人们尝试住进山洞。但山洞阴暗潮湿，隐藏着许多不为人知的昆虫，如果不小心被这些昆虫咬上一口，也是疼痛难忍。在这种恶劣环境的逼迫下，许多人离开了温暖湿润、物产丰富的南方，来到干燥的北方。

当时，北方生活着大量的鼠类动物。受它们的启发，人类开始在山坡上开凿洞穴，然后用石头或树枝挡住洞口。

这样，人居住在里面，就安全了许多。

但是，这种洞穴在夏

天的时候又潮湿又闷热，许多人因此染上了疾病。到了冬天，寒风怒号，大雪漫天，洞穴里滴水成冰，寒冷异常。再加上北方严寒，动植物稀少，根本满足不了人们对食物的需要，很多人适应不了这样严酷的环境，只好又返回了南方。人们是多么希望能有个既能遮风挡雨，又可以让他们安然入睡的地方啊！

这时，在一个部落里出现了一个年轻人。传说他出生在九嶷山以南的苍梧，曾经游历过仙山，得到了仙人的指点，因此具有非凡的智慧。年轻人看到人们的生活如此艰难，暗暗发誓一定要帮助他们。

这一天，年轻人到森林里寻找食物。看到树上的鸟巢，他脑海里突然闪过一道灵光："鸟能在树上建巢，那么人能不能也像鸟儿一样，在树上建造屋子呢？"于是，这个年轻人立即找来树枝和藤条，在高大的树干上建起了房屋。房屋的四壁和屋顶都用树枝遮挡得严严实实，既可以挡风遮雨，又能防止猛兽的攻击，还非常干燥、舒适。

后来，年轻人把这种造房子的方法教授给其他人。从此，人们再也不用过那种风吹雨打、担惊受怕的日子了。

人们非常感激这个年轻人，便推选他做了部落的首领，称他为"有巢氏"。有巢氏被推选为部落首领后，为大家办了许多好事，名声很快传遍了大地。各部落的人都认为他德高望重，具有圣人的才能，因此一致推举他做了总首领，并尊称他为"巢皇"。

伏羲出世

远古时代，一个叫华胥氏的姑娘无意之中来到雷神的居住地——雷泽。在一块湿地上，华胥氏发现了一个巨大无比的脚印。她围着这个大脚印转了一圈，觉得很好玩儿，就把一只脚伸到这个脚印里。谁知，她的脚刚踏进这个大脚印，她的身体立即产生了一种奇异的感觉。原来，这个大脚印是雷神留下的。不久，华胥氏就怀孕了，十二个月后生下一个男孩，取名为伏羲。

伏羲长大后，知道自己是雷神的儿子，便决定去天庭找雷神。他听说在东南方有一棵叫建木的树，顺着它爬上去就可以到达天庭。于是，伏羲带着他心爱的乐器"瑟"去寻找建木。

这一天，伏羲来到一片荒凉的国度，那里的人们又黑又瘦，吃的是草根和血淋淋的生肉。

伏羲从没见过这种情景，觉得非常不忍。于是，他转过身，继续向东南走去。又过了好久，在一片广阔的田野上，伏羲遇见了女神素女。他问素女：

"你知道建木在哪里吗？"

"你为什么要寻找建木？"素女问伏羲。

"为了寻找我的父亲。"伏羲回答。

"好吧，我告诉你，"素女说，"不过，当你爬上建木时，绝不能回头向下看。"说完，素女便带着伏羲来到了建木前。

为了表达自己的谢意，伏羲将瑟送给了素女，然后便沿着建木向上爬去。他刚爬到一半，就听到一阵叮叮咚咚的声音，原来是素女弹起了瑟。伏羲一分神，滑下去了一大截。他赶紧定了定神，继续向上爬。当伏羲爬到建木的最高枝时，曲子里突然充满了悲哀和绝望。伏羲觉得难过极了，他忘记了素女的警告，回头望了一眼。这下糟了！他只觉得天旋地转，一下子从树上摔了下来。伏羲忍着痛从地上爬起来，却发现素女不见了。

突然，旁边的河水升了起来，中央冒出一个像龙又像马的怪兽。怪兽对伏羲说道："人世间的苦难这么多，你怎么忍心一个人去天庭呢？其实，你会从天上摔下来，不是因为素女弹奏的乐曲，而是你心中还存有对人间的同情和留恋啊！"

听了怪兽的话，伏羲愣住了。过了好久，他说道："对，我有的是聪明才智，正好可以用来帮助人们啊！"

于是，伏羲返回自己经过的那些荒凉的地方，带领人们建立起部落。他不但教人们打猎、捕鱼，还带着人们了解大自然的运行规律。在伏羲的不断努力下，那些蛮荒的土地终于成了幸福的所在。

伏羲与八卦

在远古时期，人们对大自然一无所知。他们不懂得四季更替，不明白生老病死，不知道风雨变幻，因此终日里惶恐不安。无论做什么事，人们总是先祭祀天地，以求得天地神明的保佑。为此，首领伏羲非常忧虑，他日思夜想，希望能找出变化的规律。

有一次，伏羲率领族人打猎归来。他们刚走到一处山坡，突然变了天。刚刚还风和日丽，转眼就乌云四合，雷声大作，倾盆大雨从天而降。大雨引发了山洪，滔滔洪水汹涌而至，不但猎物全被冲走了，几个百姓也被卷入洪流，不见了踪影。看到这种情形，伏羲又难过又着急，他发誓一定要尽快将这些现象弄明白。于是他经常站在卦台山上，仰观天上的日月星辰，俯察周围的地形方位，有时还研究飞禽走兽的脚印和它们身上的花纹。

这一天，伏羲思索着所观测到的天象。蒙眬中，他来到了渭水边，举目一望，只见河水滔滔。伏羲不禁感慨万千："大河奔腾不息，人的生命流逝不止。不知道大河流向哪里，也不知道人的生命归向何处。"

就在这时，河水突然暴涨起来，巨浪之中冲出一只怪兽。只见它龙头马身，浑身火红，背上生着三道连在一起的白色条纹。

正是传说中的龙马！龙马飞奔上岸，跃上一块大石头。龙马身上的斑纹与石头互相配合，形成一个奇妙的图案。伏羲看得惊呆了，他疾走过去，想看清楚些，却见那龙马一个转身，又消失在水里。伏羲一急，醒了过来，原来只是一个梦。他想着梦中的情景，百思不得其解，不一会儿又迷迷糊糊地睡着了。

恍惚中，伏羲又向南来到了洛水。只见这里河水清澈，水声潺潺，与渭水截然不同。伏羲心想："天下竟然有如此不同的景象。可见世上之物千变万化，真是不可预见。"

就在他摇头叹息的时候，远处的河面上游过来一个黑乎乎的东西。等那东西游近了，伏羲才看出来，那是一只大龟。这只大龟浑身乌黑，行动迟缓。奇怪的是，它的背上也有三条斑纹，只不过这些斑纹都从中间断开了！这只大龟在伏羲面前停了一会儿，又慢慢爬回水里，不见了。伏羲一急，醒了过来，原来又是一个梦。

想想梦中的情景，伏羲心中豁然开朗。于是，他根据梦中所见，以"一"为阳，"--"为阴，画出八种不同的图案，称之为"八卦"。八卦相互搭配，揭示出自然界的变化规律，从而实现了人类认识史上的飞跃。

农业之神——炎帝

上古时期，有熊国国君少典的妻子名叫任姒。有一天，任姒一个人到姜水边游玩。

当时已近黄昏，夕阳的光芒洒在水面上，反射出道道金光，十分美丽。任姒很开心，她沿着姜水边边走边玩，就在这时，随着一道红光，一条赤须神龙从水中腾空而起，双目发出两道神光，这神光与任姒的目光相接，任姒只觉得心里一动。她使劲儿擦了擦眼睛，想看个仔细，可映入眼帘的除了滔滔的江水，什么也没有。

任姒觉得有些害怕，急忙回去了。谁知，回去以后不久，任姒就怀孕了，足月后生下一个男孩，这个男孩就是后来的炎帝。

炎帝一出生就和普通人大不相同，牛首人身，头上长角。他出生后三天就能说话，五天就会走路，九天便长齐了牙齿。因为他是任姒从姜水边回来后怀孕生的，所以便以"姜"为姓。

转眼，炎帝长大了。长大成人后的炎帝身材魁梧，浓眉厚唇，具有非凡的智慧和过人的胆识。因此，众人便推举他做了姜水一带的部落首领。

当时，人们主要靠打猎、捕鱼和采野果为生，经常挨饿；遇

上洪水猛兽，不仅填不饱肚子，就连性命也难保。如果到了天寒地冻的时节，要找吃的就更困难了。因此，人们过得特别苦。为此，炎帝整日坐卧不安。他下定决心，一定要让大家过上丰衣足食的生活。

一天，炎帝信步来到一座山坡，一丛嫩绿的小苗映入了他的眼帘。这种小苗很常见，炎帝之前从没注意到它。但今天，不知为什么，他突然来了兴趣。

于是，炎帝弯下身子，轻轻扒开小苗周围的土，他发现，在每棵小苗的根部都有一些还没有腐烂的果皮。炎帝觉得非常好奇，便又沿着山坡观察其他的小苗。无一例外，每棵小苗的根部都有一些果皮，有的小苗尖上还顶着果皮。

看到这儿，炎帝心中大喜："这些小苗一定是那些果实变成的！如果能分辨出哪些果实可以食用，再将其采集来，埋入地下，等它们生根、发芽、开花、结果之后，就能收获更多的果实了。那时，食物的问题不就解决了吗？"

于是，炎帝离开家乡，去寻找那些能食用的植物。经过多年的努力，踏遍了三山五岳，经历了艰难险阻，炎帝终于从上百种植物中选出了黍、稷、麻、麦、豆五种作物，并教会了人们如何播种、管理这些作物。后来，人们便把这五种作物统称为"五谷"。

可是，虽然有了种子，但因为没有工具，人们辛辛苦苦劳作却收效甚微。炎帝觉得这样既费力气，又耽误时间，于是，他又发明了耒和耜等农具，提高了生产效率。

从此，人类结束了渔猎生活，进入了农耕社会。人们感念炎帝的功德，将他尊称为"神农"，即农业之神。

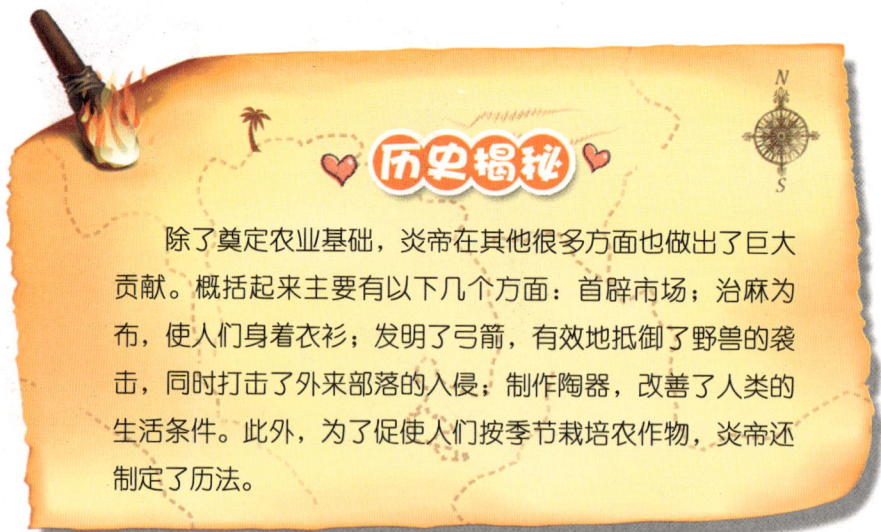

历史揭秘

除了奠定农业基础，炎帝在其他很多方面也做出了巨大贡献。概括起来主要有以下几个方面：首辟市场；治麻为布，使人们身着衣衫；发明了弓箭，有效地抵御了野兽的袭击，同时打击了外来部落的入侵；制作陶器，改善了人类的生活条件。此外，为了促使人们按季节栽培农作物，炎帝还制定了历法。

神农尝百草

上古时期，五谷和杂草长在一起，药物和百花开在一处，哪些是可以吃的粮食，哪些是能够治病的草药，谁也分不清。人们都是靠打猎或采集生活，一旦受了伤、生了病根本无法救治，只能听天由命。

这种情况看在部落首领神农的眼里，令他痛苦万分。他苦思冥想了三天三夜，决定亲尝百草，找出其中能治病疗伤的植物。第四天，神农带领着几个臣民从家乡历山出发，向西北走去。他们走啊走啊，腿都走肿了，脚上也起了水疱儿，就这样，整整走了七七四十九天。最后，他们来到了一个地方。只见那里一座高山连着一座高山，一道峡谷接着一道峡谷，山上长满奇花异草，老远就能闻到一阵阵香气。

神农高兴极了，率先朝前走去。就在这时，峡谷中突然跑出来一群狼虫虎豹，把他们团团围住。神农一面呼喊大家集中起来，一面挥动着手里的神鞭，朝野兽打去。打走一批，又拥上来一批，这样一直过了七天七夜，他们才把野兽都赶跑了。

这时，臣民们有些害怕了，纷纷劝神农回去。神农摇摇头，坚定地说："不能回去！人们饿了没吃的、病了没医的，我们怎

么能回去呢？"说完，他继续朝前走去。

这一天，他们来到一座大山脚下。这座山直插云霄，四面都是陡峭的山崖。神农带着臣民们砍树木、割藤条，靠着山崖搭成架子，然后顺着架子小心翼翼地爬上了山顶。

只见漫山遍野都是花草，红的、绿的、白的、黄的，各种各样，生长得茂盛非凡。神农高兴极了，他叫臣民们防御狼虫虎豹，自己则亲自去采摘花草。

就这样，白天，神农带领着臣民到山上尝百草；晚上，他又叫人点起篝火，自己则就着火光把白天尝过的花草详细记载下来。哪些苦，哪些甜，哪些凉，哪些热，哪些能充饥，哪些能医病，他都写得清清楚楚。

尝百草是一件十分危险的事。由于不知道哪些草是有毒的，

神农曾经在一天当中中毒几十次。有一次，他刚把一棵草放到嘴里，便觉得天旋地转，一头栽倒在地。

臣民们慌忙扶他坐起来，这时候，神农已经不能说话了，他用最后一点儿力气，指了指面前一棵红亮亮的灵芝草，又指了指自己的嘴巴。臣民们慌忙把那红灵芝喂到他嘴里。神农吃了灵芝草，不一会儿毒就解了。从此，人们都说灵芝草能起死回生。

臣民们觉得他这样尝百草实在太危险，于是纷纷劝炎帝回去。神农看了看臣民们，说："我的主意已定，你们不要再说了。"说完，他又接着尝起了百草。

就这样，神农尝完一山花草，又到另一山去尝。一直尝了七七四十九天，神农终于踏遍了所有的高山，找出了三百六十五种草药，救治了无数人的性命。

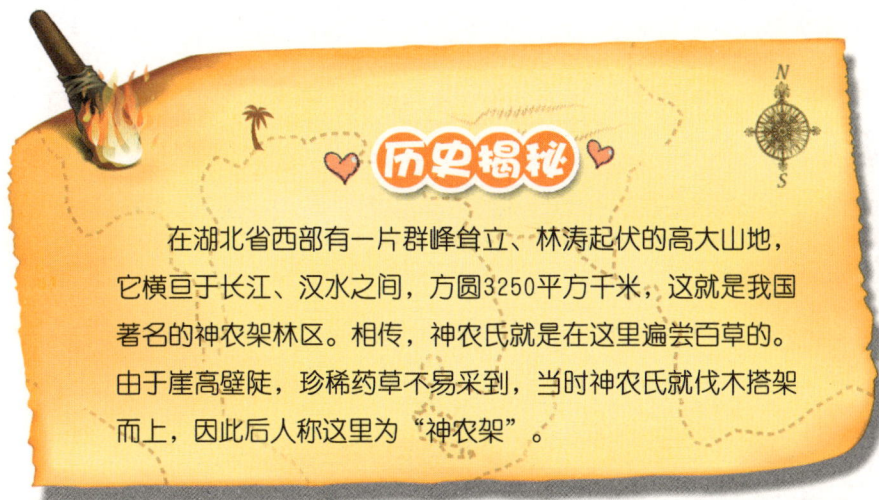

历史揭秘

在湖北省西部有一片群峰耸立、林涛起伏的高大山地，它横亘于长江、汉水之间，方圆3250平方千米，这就是我国著名的神农架林区。相传，神农氏就是在这里遍尝百草的。由于崖高壁陡，珍稀药草不易采到，当时神农氏就伐木搭架而上，因此后人称这里为"神农架"。

精卫填海

传说，上古时期的首领炎帝最小的女儿叫作女娃。她非常可爱，生性活泼好动，被炎帝视为掌上明珠。从小，女娃就有一个愿望，希望父亲能带她到东海——太阳升起的地方去看一看。可是，炎帝太忙了，从太阳升起忙到太阳落山，日日如此，一刻也不得空闲。于是，这一天，女娃便离开家，独自前往东海。

翻过了一座又一座高山，游过了一条又一条大河，女娃终于来到了东海边。这时正是早上，一轮朝阳从东海中喷薄而出，在海面上洒下万道金光。真是太美了！女娃看得兴奋极了，她忍不住跳进水里，向太阳升起的方向游去，不知不觉就游到了大海深处。就在这时，天突然变了！大片大片的乌云从天边涌过来，大地陷入一片黑暗。东海开始咆哮，翻起了滔天巨浪。女娃奋力向岸边游去，突然间，一个巨浪打了过来，一下子把女娃卷进了深深的漩涡。

几天后，一只小鸟从女娃沉没的地方破浪而出，只见它长着白白的长喙、纤细的脚爪、黑色的羽毛，头上还生着一顶漂亮的红色羽冠。小鸟时常在东海上空盘旋，发出"精卫、精卫"的悲鸣。于是人们都把它叫作精卫。

传说，精卫是女娃的灵魂变成的。女娃痛恨东海夺走了自己的生命，于是发誓要填平东海。

从此，精卫就住在了布满荆棘的发鸠山上。每天天不亮，精卫就衔着小石子或小树枝，飞到东海的上空，把小石子或树枝投下去。

东海发怒了，它问精卫："你一天又一天地往我身上扔石头、树枝，你为什么这么恨我？"

精卫愤怒地说道："因为你夺走了我年轻的生命，并且还会夺走千千万万像我一样的生命！"

东海轰隆隆地大笑起来："小鸟儿，你有没有想过，你的力量微不足道，而我却无穷无尽。就是再过一千年、一万年，你也填不平我的！"

"不！我要填！我要一千年、一万年地填下去！哪怕到宇宙的尽头，世界的末日！只要我永不停歇，总有一天会把你填平的！"精卫看着咆哮的东海，坚定地说。然后，它又飞回发鸠山，衔起一颗石子，投进东海。

就这样，日复一日，年复一年，精卫循环往返，一趟趟地衔木石以填东海，从来也没有停止过。

黄帝的功绩

黄帝姓姬，与炎帝同宗，也是有熊国国君少典的儿子。黄帝的母亲名叫附宝。传说，有一天晚上，附宝正在灯下织补，忽然看见一道电光冲天而起，绕着北斗星的枢星转了一圈，接着，那颗枢星就掉了下来。附宝由此感应，不久就怀孕了。二十四个月后，附宝生下一个儿子，他就是后来的黄帝。

黄帝一生下来，就显得聪明异常。生下没多久，他就能说话；到了十五岁，已经无所不通了。后来，他继承了有熊国的王位。作为一国君主，黄帝非常公正，又很体恤百姓。

据说，黄帝最初的神职是主司风雨雷电，后崛起而升为中央大帝。他长着四张面孔，能同时注意东南西北四方动静。天上人间的任何事情，都逃不过他的眼睛。有一次，钟山之神烛阴的儿子鼓，勾结人面马身的凶神钦，将一个叫作葆江的神诱骗到昆仑山暗杀了，并且毁尸灭迹，企图掩盖罪行。整个过程被黄帝看得清清楚楚。于是，他派遣天杀星下凡，千里缉凶，终于在钟山东面的瑶崖追到鼓和钦，将他们一起处斩，为葆江报了仇。

当时，天下还有许多部落。各个部落为了扩张自己的领地，连年征战，致使生灵涂炭，人们不能安居乐业。黄帝见状，下定

决心要改变这种局面。他操练兵士，去讨伐那些部落。经过多年征战，众多部落纷纷臣服于黄帝，各部落首领一致推选他为天下的共主。因为他有土德之瑞，土又为黄色，所以称为"黄帝"。

眼见四方平定，黄帝便将精力投入到了生产生活和发明创造之中。他首先划分了州野，并制定了礼乐，以教化百姓。在黄帝的提倡下，他手下的臣子们各尽所能，发明了各种器具物品。如大臣曹胡发明了上衣，伯余造了下衣，於则做了鞋子。从此，百姓们再也不用穿着兽皮树衣了。黄帝还依据浮萍漂在水面上的原理制作出船，方便了人们水上出行。此外，黄帝又令人制作了釜甑，使得百姓可以蒸饭烹粥。他还造屋室、筑城邑，使百姓不再巢居穴处。黄帝又与岐伯作内外经，使百姓的疾患得以治愈。他还确定了天下万物的名称，划分星度为二十八宿。以甲乙十天干纪日，以子丑十二辰来纪月，而六旬为一甲子。就这样，在黄帝的治理下，四海之内一派太平景象。

黄帝、炎帝之战

炎帝的女儿女娃死后，炎帝悲痛欲绝，后悔没有照顾好女儿。于是，炎帝便把对女儿的思念和爱全部转移到了百姓的身上。在他的感化和治理下，部落的实力日益增大，自南向北发展，逐渐扩展到黄河以北。这样一来，不可避免地与位于这一带的黄帝部落发生了冲突。

这时，经过长期的整治，黄帝的部落已经非常兴盛。作为中央天帝，天上人间的任何事情，都逃不过黄帝的眼睛。这次，对于炎帝部落的扩张，黄帝当然不会置之不理。于是，他率领着以

熊、罴、貔、貅、貙、虎等猛兽为图腾的各个部落，奔赴战场，与炎帝部落展开了决战。

炎帝先发制人，采用火攻困住了黄帝。霎时间，只见火光冲天，浓烟滚滚，遮天蔽日。黄帝的军队在烟雾中迷失了方向，不禁大乱。黄帝见状，急忙命令手下的大将应龙前去迎战。应龙是龙中之精，生有双翼，能兴云布雨。应龙飞到炎帝队伍的上空，张开大嘴，滔滔洪水便喷泻而下，炎帝的军队被冲得四散奔逃，许多人都丧身于洪流之中。炎帝只好率领队伍退守到阪泉河谷。

黄帝率兵追随而至，因为炎帝声誉很好，所以黄帝特意嘱咐，不要伤害他的性命。随后，黄帝命人在阪泉河谷中竖起七面大旗，摆开星斗七旗战法，将炎帝的队伍围在当中。炎帝只好避不出战。黄帝一边以星斗七旗战法作掩护，一边派人日夜挖掘隧道，将隧道一直挖到了炎帝营帐的后方。炎帝没有防备，结果被俘了。

黄帝非常仰慕炎帝的德行，对他在医

药和农耕方面做出的贡献深感敬佩，决心与他携手创建文明国家。于是，黄帝释放了炎帝，并将两个部落合在一起，统称为"炎黄部落"。

黄帝的部落和炎帝的部落联合后，又逐渐融合了周边的部分民族，形成了春秋时期的华夏族。汉以后，华夏族改称为"汉族"，因此，炎黄二帝也就成了汉族的始祖。这也是中华民族自称"炎黄子孙"的由来。

历史揭秘

传说，黄帝是中央天帝，掌管八方。除他之外，在东、南、西、北四个方向还分别有四个天帝，他们是东方天帝太昊，其辅佐大臣是木神句芒，为春神；西方天帝少昊，其辅佐大臣是金神蓐收，为秋神；南方天帝炎帝，其辅佐大臣是火神祝融，为夏神；北方天帝颛顼，其辅佐大臣是水神玄冥，为冬神。

黄帝战蚩尤

炎帝被黄帝打败后，隐居到了南方。可是，炎帝的臣属蚩尤却不甘心向黄帝臣服。蚩尤是九黎族部落的首领，他联合了风伯、雨师和夸父部落的人，向黄帝挑战。黄帝亲自带兵，与蚩尤在涿鹿展开了大战。黄帝先派出大将应龙出战，应龙飞上天空，居高临下地向蚩尤的阵中喷起水来。蚩尤连忙命风伯、雨师上阵，顶住应龙。只见风伯刮起漫天狂风，雨师则收集起应龙喷出的水，

反过来将水打入黄帝军中。应龙只会喷水，不会收水，结果，黄帝大败而归。就这样，黄帝和蚩尤一共打了七十一仗，胜少败多，为此黄帝心中非常焦虑。

这一天，黄帝苦苦思索打败蚩尤的方法，不觉昏然睡去。梦中，只见九天玄女走过来，交给他一部兵书，说："你把兵书熟记在心，战必克敌！"黄帝醒后，发现手中有一本《阴符经》。于是，黄帝按照书中所授设九阵，置八门，演习变化，成为一千八百阵。为了保证胜利，黄帝又特意召来旱神女魃助战。

决战开始了。风伯、雨师掀起狂风暴雨向黄帝阵中打去。这时，女魃从黄帝阵中走出来，只见她的身上放射出滚滚热浪，她走到哪里，哪里就风停雨消。风伯、雨师无计可施，慌忙败走了，蚩尤也被活捉。黄帝命人给蚩尤戴上枷锁，把他杀了。蚩尤死后，他身上的枷锁变成了一片枫林。据说每一片枫叶，都是蚩尤枷锁上的斑斑血迹。

历史大视野

九黎是远古时期九个部落的联盟，每个部落有九个氏族，蚩尤是他们的大酋长。九黎主要生活在今天的黄河中下游一代，是我国最早进入农业社会的部落。九黎的势力很大，传说伏羲、女娲、神农等都出自九黎部落。

风后造车

黄帝做了部落首领后，开始到处寻访贤人。一天，黄帝做了一个怪梦，梦见一场罕见的大风，把大地上的尘垢刮得荡然无存，只剩下一片清明的世界。

黄帝醒后，暗自沉吟："风为号令，这定是上天为我指明的贤人。垢去掉土，乃是后，难道说这个人名叫'风后'？"从那以后，黄帝便留心到处寻访，终于在海隅（今山西运城解州）找到了风后，随即拜他为宰相。

后来，蚩尤起兵反抗黄帝，双方交战七十余次，黄帝一方始终不能取胜。在一次交战中，蚩尤放出大雾。霎时间，云雾弥漫，黄帝的军队在云雾中迷失了方向，由于践踏、拥挤，死伤无数。黄帝见状，只好下令停止了进攻。为此，黄帝十分着急，立即召集大臣商量对策。应龙、常先、力牧、大鸿等人都到了，唯独不见风后。人们猜想他一定是遭了蚩尤的毒手。黄帝立即命人四处寻找，可找了很长时间，仍不见风后的踪影。黄帝很着急，便亲自去找。后来，在一辆战车上，黄帝发现了风后。他竟然在睡大觉！

黄帝大怒，质问他："都什么时候了，你还有心情在这里睡

觉！"风后睁开眼睛，不紧不慢地说："您弄错了，我哪里是在睡觉，我是在想办法对付蚩尤。"说完，他用手朝天上指了指，对黄帝说："你看，为什么天上的北斗七星，只有斗在转，而柄却不转呢？我听人说，伯高在采石时发现过一种磁石，能将铁吸住。我想，我们能不能根据北斗星的原理，制造出一种会指示方向的东西？有了这种东西，我们就不怕迷失方向了。"黄帝这才恍然大悟。他立即把这个想法告诉了众人。众人经过一番商议，都觉得这是一个对付蚩尤的好办法。于是，由风后设计，大家一起动手，终于制作出一个能指引方向的仪器。风后把这个仪器安装在一辆战车上，又在车上装上一个假人，假人的手指会一直指向南方。他告诉所有的军队，一旦迷失方向，只要一看指南车上的假人指着什么方向，就可辨认出东南西北。

这样一来，黄帝的军队再也不怕蚩尤的大雾了。人人英勇善战，个个奋勇争先，终于战胜了蚩尤。

后来，风后又辅佐黄帝陆续平定了周边的其他部落，建立起一个庞大的部落联盟。随着时间的流逝，风后渐渐老了，再加上日夜操劳，终于一病不起。黄帝为他找了很多名医，但没有什么效果。不久，风后就去世了。

刑天舞干戚

刑天是炎帝手下的一名大臣。炎帝战败后，屈居南方做了南方天帝。对此，刑天很不服气。所以，当蚩尤举兵反抗黄帝的时候，刑天也想去参加这场战争，但因为炎帝的坚决阻止而没有成行。后来，蚩尤战败被杀，刑天再也按捺不住心中的怒火，他偷偷地离开了南方天庭，想去和黄帝争个高低。

刑天右手握着一块巨大的盾牌，左手拿着一柄闪光的大斧，一路过关斩将，杀到黄帝的宫前。黄帝正和群臣观赏歌舞，见刑天挥舞盾斧杀过来，顿时大怒，拿起宝剑就和刑天打了起来。两人从宫内杀到宫外，从天庭杀到凡间，一直杀到了常羊山旁。

常羊山是炎帝降生的地方，往北不远，便是黄帝的诞生地轩辕国。两个人到了这里，打斗得更加激烈。他们使出浑身力量，恨不得一下子就将对方杀死。

黄帝到底久经沙场，他看准一个空子，一剑向刑天的脖颈砍去，只听咔嚓一声，刑天那颗像小山一样的头颅，便从脖颈上滚落下来，落到了常羊山脚下。

刑天一摸，发觉脖子上没有了头颅，顿时惊慌起来，忙伸出右手在地上乱摸乱抓，想找回自己的头颅。他摸呀摸呀，周围大大

小小的山谷被他摸了个遍，参天的大树、突出的岩石，在他右手的触摸下，纷纷折断、崩塌了，可是，刑天还是没有找到自己的头颅。他摸索着向前走去，根本没有想到头颅就在离他不远的山脚下。

黄帝怕刑天摸到头颅，恢复原身后又来和他作对，连忙举起手中的轩辕剑，用力朝常羊山劈去。随着轰隆隆一阵巨响，常羊山被劈为两半，刑天的头颅骨碌碌滚入山中。随即，两山又合而为一，把刑天的头颅埋了起来。

听到这样巨大的响声，感觉到周围异样的变动，刑天停止了摸索。他知道，自己永远也找不回头颅了。可是，失去头颅的刑天并不甘心，他猛地挺直身子，把两乳当作眼，把肚脐当作口，继续挥舞着盾牌、巨斧，向着天空狂挥猛砍。那两乳的"眼"好像在喷射愤怒的火焰；那圆圆的肚脐，仿佛在发出仇恨的咒骂；那挥舞着盾、斧的双手，依旧是那样有力。

不知过了多长时间，刑天终于耗尽了所有的力气，像一座山一样轰然倒下了，手里还紧紧握着他的板斧和盾牌。看到这一切，黄帝惊呆了。他被刑天的勇猛和执着感动，便将他厚葬在了常羊山下。

嫘祖造丝

嫘祖是黄帝的正妃。炎黄部落联盟之后，黄帝要带领大家发展生产，做衣冠的事情就交给了嫘祖。为了更好地完成任务，使更多的人有衣穿，嫘祖经常带领着妇女们上山剥树皮、织麻网。她们还把男人们捕获到的各种野兽的皮毛剥下来，进行加工，做成衣服。就这样，过了不久，整个部落里人人都有了衣服，再也不用担心无法遮体了。

由于过度操劳，嫘祖病倒了。她不吃不喝，一天比一天消瘦，人们都急坏了。守护在嫘祖身边的几个女子更是想尽各种办法，做了许多嫘祖平时爱吃的东西。谁知嫘祖看了之后，总是摇摇头，一点儿也不想吃。

后来，这几个女子悄悄商量，要上山摘些野果回来给嫘祖吃。这一天天还没亮，这几个女子就背着竹筐上山了。她们走遍了山山峁峁，摘了许多果子。可是放到嘴里一尝，不是涩的，便是酸的，都不可口。

后来，她们来到一片桑树林，发现树枝上挂着许多白色的小果子。这几个女子高兴极了，以为找到了一种新的鲜果。于是，她们赶忙采了许多这种小果子。

　　当时，天已经快黑了，她们怕山上有野兽，没来得及尝这种小果子的味道，就匆匆忙忙下山了。

　　嫘祖见了这种小果子，也觉得非常新奇，便拿起一个尝了起来。可是，这些小果子非常硬，无论她怎么用力，也咬不动。

　　于是，嫘祖便叫人把这些小果子倒进锅里，用水煮。她随手拿起一根木棍，在锅里搅拌起来。

　　搅了一阵子，嫘祖把木棍拿了出来，这时，她发现木棍上缠着很多头发丝般的白线。这是怎么回事呢？嫘祖又搅动起来，不一会儿，锅里的小果子全部变成了白色的细丝，看上去晶莹夺目，摸上去柔软异常。

"这到底是什么果子？你们从哪里摘来的？"嫘祖问那几个女子。那几个女子把她们发现这种果子的经过详细地向嫘祖讲了一遍。嫘祖听完后，沉思了一会儿后高兴地说："这不是果子。它们虽不能吃，却可能有大用处。走，咱们一起去山上看看！"

说完，嫘祖不顾病体劳顿，立即来到了山上。她在桑树林里观察了好几天，终于发现，原来这种小果子是一种叫作蚕的小动物口里吐出的细丝缠绕而成的。

后来，嫘祖尝试用这种细丝织成布，做成衣服。她发现，这种衣服不但非常美观，穿起来也十分舒适、暖和。于是，嫘祖请求黄帝下令将山上所有的桑树保护起来，还带领人们栽桑养蚕，取丝织衣。后来，人们为了纪念嫘祖的功绩，便尊称她为"先蚕娘娘"。

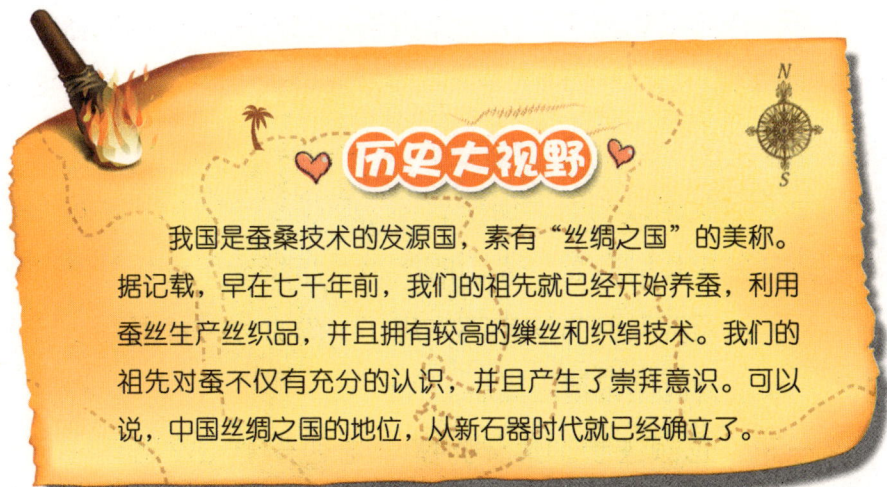

历史大视野

我国是蚕桑技术的发源国，素有"丝绸之国"的美称。据记载，早在七千年前，我们的祖先就已经开始养蚕，利用蚕丝生产丝织品，并且拥有较高的缫丝和织绢技术。我们的祖先对蚕不仅有充分的认识，并且产生了崇拜意识。可以说，中国丝绸之国的地位，从新石器时代就已经确立了。

仓颉造字

仓颉是黄帝手下的一名史官，专门掌管牲口的数目和食物的多少。据说，仓颉生有双瞳四目，人非常聪明，做事又尽心尽力，极少出错。可是，牲口、食物的数量在不断增加和变化，仅凭头脑根本就记不住。怎么办呢？仓颉犯难了。他日思夜想，终于想出了一个办法——结绳记事。用不同颜色的绳子表示不同的牲口、食物。再在绳子上打上结，用结的多少表示牲口、食物的数量。但这个办法并不是十分好用。因为增加数目时，在绳子上打结很方便，但当数目减少时，解开那些结却很麻烦。

于是，仓颉又想出了一个"挂贝壳"的方法。他找来各式各样的贝壳，代表他所掌管的东西。增加了就添相应的贝壳，减少了就去掉贝壳。这个方法还挺管用，他一连用了好几年。

黄帝见仓颉这么能干，便将更多的事情安排给他。从每年祭祀的项目，到猎物的分配、人口的增减，统统交给仓颉管理。这样一来，"挂贝壳"的方法也不好用了。怎么做才能既方便又不出错呢？仓颉为此整日苦思冥想。

这一天，仓颉去参加集体狩猎。走到一个三岔路口时，几个老人为走哪条路争论起来。一个坚持往东，说东边有山羊；一

个非要往西，说可以追到鹿群；最后一个却偏要往北，说那里有只老虎，如果不及时追赶，就可能错过机会。仓颉听了觉得很好奇，他走上前去问道："你们怎么知道哪个方向有哪些猎物？"

一个老人说："只要看看它们的脚印就知道了。"

仓颉听了，心中一动："既然脚印可以代表某种野兽，我为什么不能用一种符号来表示我所管理的东西呢？"想到这儿，仓颉不禁欣喜若狂，拔腿就往回跑去。回到家里，他便着手创造各种符号。为了让大家都能认识这些符号，仓颉决定按照事物的特征来创造。比如"日"，是照着太阳的样子描绘的，"月"是仿照月牙儿的形状描绘的……就这样，仓颉仔细观察了各种事物，创造出许多象形文字。后来，仓颉把这些文字献给了黄帝。黄帝非常高兴，立即召集起各个部落的首领，让仓颉把这些字传授给他们。从此以后，这些象形文字开始被应用起来。

杜康造酒

杜康原是黄帝手下的一位大臣，负责管理生产。当时，并没有仓库，更没有科学的保管方法，于是，杜康便把收获的粮食都堆在了山洞里。

山洞里非常潮湿，时间一长，这些粮食全都发霉坏掉了。黄帝非常生气，狠狠训斥了杜康一顿，把他降为粮食保管。

由负责管粮食生产的大臣降为粮食保管，杜康的心里十分难过。他想到风后、仓颉等人都有发明创造，唯独自己不但没什么建树，还把事情搞砸了，觉得很不甘心，暗暗发誓一定要把粮食保管这件事做好。

有一天，杜康在森林里发现了几棵枯死的大树，树干里边已经空了。杜康心想："如果把粮食装在树洞里，也许就不会霉坏了。"于是，他把树林里所有的枯树都掏空了，然后把收获的粮食全部装进了树洞。谁知，两年以后，装在树洞里的粮食，经过风吹、日晒、雨淋，慢慢地发酵了。

这一天，杜康上山查看存粮。他发现两只山羊正在装粮食的树洞前舔着什么，奇怪的是它们舔了一会儿，便晃晃悠悠地倒在了地上。杜康惊讶极了，他赶紧跑到树洞前，想看看那两只山羊

到底在舔什么。这一看，把他吓了一跳。原来装粮食的树洞已经裂开一条缝儿，许多液体正不断往外渗，山羊就是舔了这种液体才倒在地上的。杜康闻了一下，发现这渗出来的液体特别香，便也尝了一口，觉得味道虽然有些辛辣，但很醇美。他越尝越想尝，最后一连喝了几大口。这一喝不要紧，他顿时觉得天旋地转，刚向前走了两步，便倒在地上昏昏沉沉地睡着了。等他醒过来时，天已经黑了。他只觉得精神饱满，浑身是劲儿。于是，杜康顺手摘下腰间的小罐子，将树洞里的液体盛了半罐带了回去。

回去后，杜康立即拜见了黄帝，把这件事详细地讲了一遍。黄帝品尝了他带回来的液体，觉得非常香醇。他立刻召集大臣们，讨论这件奇怪的事。经过探讨，他们一致认为，这种液体是粮食的"元气"。黄帝便命杜康继续观察，找出制作这种液体的方法。

黄帝又命仓颉为这种液体取个名字，仓颉便造了一个"酒"字。从这以后，酿酒事业开始出现了。后来，人们为了纪念杜康，便将他尊为"酿酒始祖"。

颛顼断天道

颛项姓姬，是黄帝的后代。相传，颛顼自幼受叔父少昊的熏陶，特别喜好音乐。他听到八方来风掠过大地发出的铿铿锵锵的声音，十分悦耳，便让八条飞龙仿效风声而长吟，命名为《承云曲》，专门用来纪念黄帝。他又突发奇想，令扬子鳄做音乐的倡导者。扬子鳄鸣声如鼓，背上披有坚厚的鳞甲，成天躺在池沼底部的洞穴内睡觉，对音乐向来生疏，但受了主宰神的委派，怎敢怠慢，只得乖乖地翻转笨重的身躯仰卧，挥动粗大的尾巴敲打鼓凸的灰肚皮，果然嘭嘭作响，声音嘹亮。人们受到颛顼的影响，拿扬子鳄的皮来蒙鼓，称为"鼍鼓"。

颛顼二十岁时继承了帝位，成为中央天帝。相传，他登上帝位后做的第一件事就是将原本不停运转的太阳、月亮和星星都牢牢地固定在北方上空。这么一来，他所居住的北方三十六国永远光辉灿烂了。而东、南、西方诸国则漆黑一团，伸手不见五指，人们的生活异常不便。

颛顼做的第二件事是隔绝天和地的通道。在此之前，天地虽然分开，却有天梯相通。所谓天梯就是那些高山、险峰以及一些高大的树木。天梯原是为神、仙、巫而设，但人间的智者、勇士

也能凭着智谋和勇气攀登天梯，直达天庭。因此，凡人可以直接到天上去申诉冤屈，而天界的神也可以随便下到凡间。

颛顼继位后，考虑到人神混居弊多利少，便命令孙子重和黎去把天地的通道截断。重和黎接旨后，运足了力气，一个两手托天，一个双掌按地，大喝一声，一齐发力，托天的尽力往上举，按地的拼命向下压，天更往上升，地更向下沉了。天地变得遥不可及，高山、大树，再也起不到天梯的作用了。

自从截断了天和地的通道，天上的神还能腾云驾雾私下凡间，地上的人却再也无法登上天庭，人神间的距离，一下子便拉得很远很远。神高高在上，享受人类的祭祀，而人有了病苦和灾难，却上天无路，神也完全可以不闻不问。

共工怒撞不周山

共工是炎帝的后裔，生得人首蛇身。 相传，共工聪明绝顶，是个治水专家。他曾经发明了筑堤蓄水的方法：将地势高处的土运到低洼地带，将低洼地带填高，然后在平坦的地面上修筑堤防。这对种植庄稼和发展农业生产起到了很大的推动作用，共工也因此被人们尊称为"水神"。

颛顼接掌宇宙的统治权之后，不仅丝毫不爱惜人类，还采用强权压制其他的天神，以至于从天上到人间，都怨声载道。于是，共工便联络了许多对颛顼不满的天神，如据比、王子夜等，共同组成了一支军队，突袭颛顼的所在地——天国京都。

颛顼听到这个消息并不惊慌，他一面吩咐人点燃烽火台，召集四方臣属迅速前来支援；一面亲自率领京都护卫队的兵马，前去迎战。

一场残酷的战争开始了。双方从天上厮杀到凡间，又从凡间杀回天庭。随着时间的推移，前来支援的四方臣属越来越多。人面虎尾的吉神泰逢驾着万道金光由骛山赶来，所到之处天地都为之变色；龙头人身的计蒙携带着狂风暴雨从光山而来；长着两个脑袋的骄虫也领着他的毒蜂毒蝎从平逢山赶了过来。在这些强敌

的围攻下，共工的部众越来越少。据比披头散发，脖子被砍得只剩下一层皮，一只胳膊也不知掉到了哪里。王子夜则浑身是伤，断臂残肢七零八落散了一地。

共工手持巨斧，一路冲杀，等来到位于西北方的不周山下时，他的身边仅剩下十三个人。他举目望去，只见不周山顶天立地，挡住了去路。就在这时，身后传来阵阵呐喊声，原来颛顼的人马已经将不周山团团围住。共工绝望之余，朝着不周山拼命撞去。只听得轰隆隆一阵巨响，不周山竟被他拦腰撞断，倒塌下来。顷刻之间，整个天地都剧烈地抖动起来。

原来，不周山是天地之间的支柱，支柱断了，整个宇宙也随之发生了巨大的变动。西北的天空因为失去支撑而向下倾斜，原来挂在北方的太阳、月亮和星星都挣脱束缚，朝西边滑去，形成了我们今天看到的东升西落的景象。从此以后，世间有了白昼和黑夜，那些生活在东、南、西三方的人们再也不必在黑暗中摸索了。另外，东南大地塌陷下去，大江、大河全都奔腾向东，形成了今天百川入海的情景。

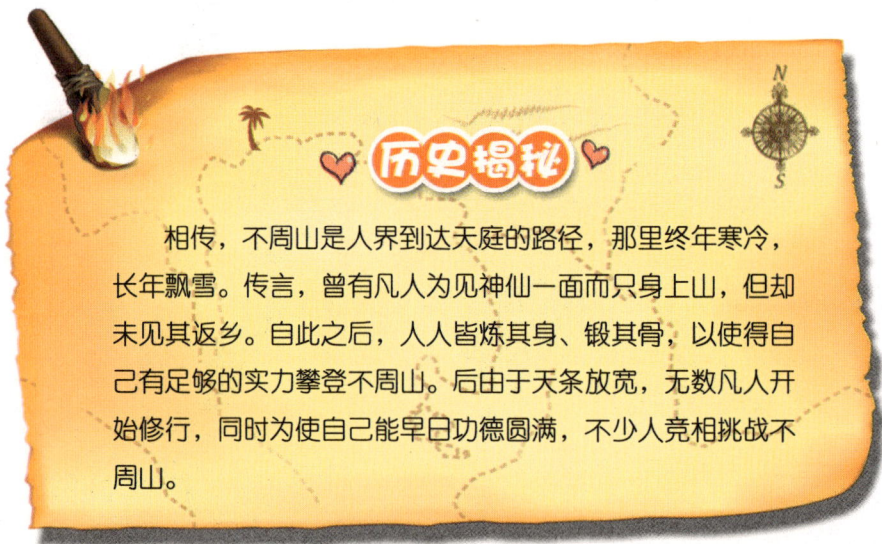

历史揭秘

相传，不周山是人界到达天庭的路径，那里终年寒冷，长年飘雪。传言，曾有凡人为见神仙一面而只身上山，但却未见其返乡。自此之后，人人皆炼其身、锻其骨，以使得自己有足够的实力攀登不周山。后由于天条放宽，无数凡人开始修行，同时为使自己能早日功德圆满，不少人竞相挑战不周山。

女娲补天

共工撞倒了不周山，引发了一场前所未有的浩劫。西方的天空漏了一个黑乎乎的大洞，大地上出现了一道道巨大的裂缝，山林里燃起了大火，洪水从地底下喷涌而出，吞没了人们的家园。那些龙蛇猛兽也趁机四处横行，吞食人畜。

一时之间，整个大地一片哀号，人类陷入了一场巨大的灾难之中。

天神女娲看到她亲手创造的人类正在遭受这样的灾难，心中不禁充满了无限的哀伤。她下定决心，要把人类从这场灾难中拯救出来。

女娲找到雨神，请他降下大雨，熄灭了天火。接着，她又造出一条大船，将人们从洪水中救起。

可这时，大地还在不停地摇晃，天上那个大窟窿也在腾腾地冒着黑烟。于是，女娲决定先稳住大地，再将天补好，为人们重造一个祥和的世界。

说干就干，女娲首先找来了藤条、山棕、荆棘、海藻，抽出它们的纤维，然后又拔下自己的秀发，想搓成一条长长的绳子

固定大地。

　　她从早搓到晚，手上搓出了血泡，终于，一条巨大的绳子搓好了。女娲把巨绳的一端固定在大地周边的山峰上，再将另一端紧紧固定在大海底部最为稳固的巨石上。做完这些，大地终于不再摇晃了。

　　下一步就是把天上那个巨大的窟窿补起来。为此，女娲踏遍了群山，终于在一条大河边找到了五色石块。

　　女娲架起一口大锅，将五色石放入锅中煮了起来。她守在大锅边，一刻不停地搅动着锅里的石头。

　　劳累使这位美丽的女神脸上布满了尘灰，眼睛里满是血丝，可她顾不上这些了。

　　终于，七七四十九天后，这些石头变成了黏稠的石浆。女娲挑起这些石浆，修补起天上的那个大窟窿来。又过了七七四十九天，天终于补好了！

　　据说，如今西方天空中的五彩云霞，就是五色石的光芒形成的。

　　随后，女娲又收集了大量的芦苇，将它们烧成灰，用来堵住四处奔流

的洪水，使它们重新沿着既定的轨道流向东方的大海。

可是，女娲还是担心天空没有支撑不牢固，会塌下来。这时，从东海游出一只巨龟，甘愿献出自己的腿。女娲斩下了巨龟的四条腿，分别竖立在大地的四角。这样，人们再也不用担心天会塌了。

经过女娲的努力，灾难终于过去了。从此，人们在大地上日出而作，日落而息，幸福地生活着。为了感谢女娲的恩泽，人们都亲切地称她为"女娲娘娘"。

历史揭秘

据科学家考证，造成天塌地陷的元凶应该是一场巨大的陨石雨。远古时代，一颗小行星撞上了地球，造成了人员的大量伤亡和外迁，使当地繁盛的古文明从此中断。直到若干年后，才又渐渐形成新的古代文明。而"女娲补天"的传说就是从这次意外灾害中演化而来的。

夸父逐日

远古时候，在北方荒野中，有一座耸入云霄的高山。在山林深处，生活着一群巨人。他们的首领叫作夸父，这群人也因此被称为"夸父族"。他们勤劳勇敢，过着与世无争、逍遥自在的日子。

那时候，大地十分荒凉，毒蛇猛兽横行，人们生活凄苦。有一年，天气非常热，火辣辣的太阳直射在大地上，庄稼被烤死，树木被晒焦，河流也都干枯了，许多人都在这种酷热中死去了。

夸父看到这种情景很难过，他发誓要捉住太阳，让它听从人们的吩咐，为大家服务。

听说夸父想要去追赶太阳，族人们都惊呆了。他们纷纷劝阻道："太阳离我们那么远，你会累死的！"

"就是啊！再说，即使你能追上太阳，它那么热，也会把你烤死的！"但是，夸父的心意已决，他对族人们说："你们不要再说了，我一定要去。"

第二天，太阳刚刚从海上升起，夸父便告别族人，向着太阳升起的方向，迈开大步追去，开始了他逐日的征程。

太阳在空中飞快地移动，夸父在地上拼命地追呀追。他翻

过一座座大山，跨过一条条河流，大地都被他的脚步震得轰轰作响。

夸父跑累了的时候，就微微打个盹儿，休息一会儿。他鞋里的土抖落在地上时，就形成了丘陵。饿的时候，他就摘野果充饥，渴的时候则掬几捧水解渴。

就这样，夸父一直追着太阳奔跑，眼看离太阳越来越近，他的信心越来越强。终于，经过了八十一天，夸父在禺谷赶上了太阳。可就在他伸手要捉住太阳的时候，由于过度激动，再加上身心憔悴，夸父晕了过去。等他醒来时，太阳已不见了。但是，他没有气馁，他鼓励自己："一定要继续追下去，只要追上它，人们的生活就会幸福了。"

就这样，夸父又挣扎着站起来，朝太阳远去的方向追去。可是，离太阳越近，太阳光就越强烈。夸父觉得自己浑身的水分都被蒸干了，再也不是喝几口水就

能解渴的了。于是，他来到黄河，一口气把黄河水喝干了，可他还是觉得渴。于是，他又跑到渭河边，把渭河水也喝光了，但仍不解渴。夸父又向北跑去，那里有纵横千里的大泽，大泽里的水足够夸父解渴。

可是，夸父还没有跑到大泽，就轰的一声倒了下去，再也没有起来。夸父临死的时候，心里充满遗憾，于是将手中的木杖扔了出去。木杖落下的地方，长出了大片郁郁葱葱的桃林。

历史大视野

传说，夸父死后，他的身体化为大山，名曰夸父山。夸父山位于河南灵宝。据考证，今天灵宝的仰韶文化遗址即夸父文化遗址。考古发现，当时，夸父一族已经进入父系氏族社会。另外，在商周时期的青铜器上，也有以铭文"夸"作族徽的，据考证，他们也属于夸父一族。

帝尧访贤

尧是"上古五帝"之一的帝喾的儿子，帝喾将他封为唐侯。据说，尧年轻的时候非常擅长制作陶器，因此，尧也被称为"陶唐氏"。

尧二十岁时接替了帝喾，成为中原部落联盟的首领。为了发展生产，尧命令臣子羲氏、和氏等人制定了历法，这样，人们就能够按照时节从事生产活动，不至于耽误农时。同时，尧还十分注意协调各个部落之间的关系，教育百姓和睦相处。

据记载，尧的手底下有十几位臣子，都是当世的贤人。可尧还是唯恐埋没人才，因此常常深入穷乡僻壤，寻察细访，希望能找到更多的贤人帮助自己治理国家。当时，在汾水北岸

的姑射之山有四位贤人：方回、善卷、披衣和许由。尧首先拜访了善卷，希望善卷能辅佐自己。可善卷回答道："我生于宇宙之中，日出而作，日落而息，逍遥于天地之间，心满意足。我要天下干什么？"尧虽然感到很遗憾，但并没有勉强善卷，而是继续去寻找下一位贤人。

这一次，尧找到了许由。许由是当时的名士，他崇尚自然无为，不贪求名利富贵。因此，得知尧要来找他，许由便躲开了。后来，尧好不容易在沛泽这个地方找到了许由，希望将天下托付给他。许由听了，说："你治理天下，已经升平日久。既然天下已经治理好了，还需要我干什么？"说罢，许由也离开了。

虽然这些贤人最后没有为尧所用，但尧求贤若渴的名声却传遍了四方，许多人才纷纷赶来投奔他。在这些人的辅佐下，天下大定，百姓安居乐业，一片升平的景象。

据说，尧去世后，百姓悲痛欲绝，如丧父母，三年之内四方都没有音乐之声，可见人们对他的思念之深。

历史揭秘

据考证，尧的部落原来主要活动在今天河北省唐县至望都一带的滹沱河流域。但滹沱河流域水患猖獗，因此尧下令西迁。几经周折，尧带领他的部落来到了汾河中游的河谷地带，即今天的太原盆地。丰厚的黄土、流淌的晋水以及淳朴的太原先民留住了尧的部落，从此，他们在此定居下来。

尧、舜禅让

帝尧在位七十年，到年老的时候，决定找一个贤能的人接替自己的位置。有人推荐了他的儿子丹朱，但尧认为丹朱个性顽劣，为人粗野，不适合做首领。这时，四岳（四方首领）向尧推荐了舜。

舜姓姚，名重华，父亲瞽叟（即瞎眼的老头）凶顽、蛮横，母亲很早就去世了。后来，瞽叟续娶，生了一个儿子名叫象。象为人凶悍，经常欺负舜。继母心胸狭窄，只知道宠爱自己的儿子。在她的挑唆下，瞽叟也视舜为眼中钉、肉中刺。他们三个人串通一气，几次三番想害死舜。一次，瞽叟命舜去修补仓房，舜刚刚爬上房顶，瞽叟就在下面放起火来，想烧死舜。情急之下，舜抓起两个斗笠当翅膀从房上跳下来，这才幸免于难。还有一次，瞽叟让舜去挖井，井挖得很深了，瞽叟和象却在上面填土，想把舜埋在井里。多亏舜事先有所察觉，在井壁旁边挖了一条通道，才又躲过了一场劫难。可是，尽管受到这样的对待，舜对父母仍十分孝顺，对象也非常友爱。

尧听后，决定考查一下舜。他把自己的女儿娥皇、女英嫁给舜，希望从她们那里了解舜的品行和能力。结果，舜不但使二女

与全家和睦相处，而且在各方面都表现出卓越的才干和高尚的人格力量。

相传，舜到历山脚下耕种，当地的农民经常为了争夺土地闹得不可开交。舜去后，在他的感化下，农民们很快学会了谦让。舜到雷泽捕鱼，原来那里的人经常斗殴，舜一去，他们也变得互相退让。舜到河滨烧陶器，原来那里的陶工干活粗糙，制出的陶器品质低劣。舜去后，陶工们都变得认真起来，造出的陶器也日益精美。就这样，舜到哪里，人们就跟到哪里。在他居住的地方，很快就形成了很大的部落。

尧知道这些情况后很高兴，便让舜参与政事，管理百官。舜不但将政事处理得井井有条，在用人方面更是表现出非凡的能力。他启用了未能被尧重用的"八恺""八元"，命"八恺"管教化，"八元"管土地，都卓有成效。当时，

除了各大部落，还有"四凶族"，即帝
鸿氏的后裔混沌、少皞氏的后裔穷
奇、颛顼氏的后裔梼杌、缙云氏的
后裔饕餮。他们整日为非作歹，恶
名昭彰，但尧却未能处置他们。

舜管理政事之后，立即将
"四凶族"流放到边远的荒蛮之
地。这些措施的落实，显示出舜的
治国方略和政治才干。

经过多方考验，舜终于得到尧的认可。于是，尧选择了一
个吉日，举行了禅让大典，将部落联盟的大权交给了舜。舜接任
后，果然将天下的事处理得井井有条，得到了人们的称颂。而
尧、舜禅让的故事也成为千古佳话，世代流传。

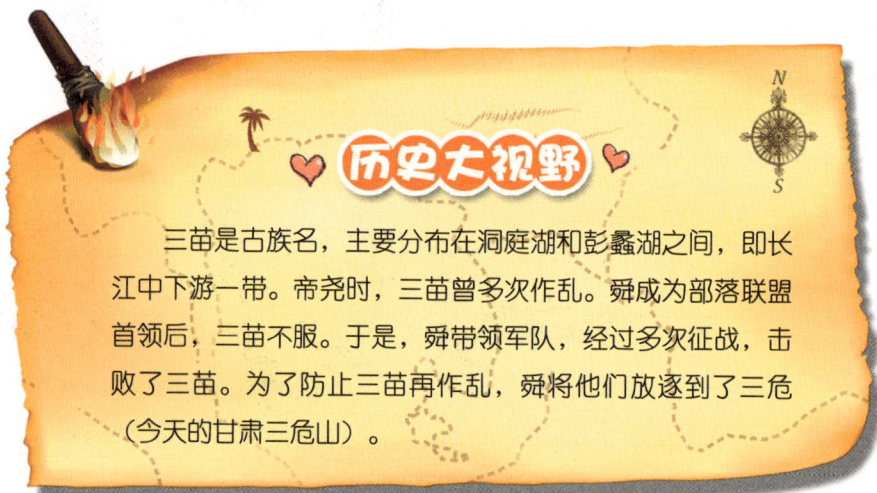

历史大视野

三苗是古族名，主要分布在洞庭湖和彭蠡湖之间，即长
江中下游一带。帝尧时，三苗曾多次作乱。舜成为部落联盟
首领后，三苗不服。于是，舜带领军队，经过多次征战，击
败了三苗。为了防止三苗再作乱，舜将他们放逐到了三危
（今天的甘肃三危山）。

湘水之神

娥皇、女英是帝尧的女儿，同时嫁给舜为妻。她们不但心地善良，而且非常聪明，和舜一起为百姓办了许多好事。

舜晚年的时候，湖南九嶷山出现了九条恶龙。它们经常到湘江戏水玩乐，以致洪水暴涨，庄稼被毁，房屋倒塌。百姓们叫苦不迭，怨声载道。舜得知这件事后，不顾自己年迈体弱，决心赶赴湘江，杀掉恶龙，为百姓除害。娥皇和女英虽然非常担心舜，但为了百姓，她们还是强忍着内心的不舍送舜上路了。

舜走后，娥皇和女英天天数着日子，等待他打败恶龙后凯旋的消息。可是，一年又一年过去了，舜始终杳无音信。娥皇和女英担心极了。她们前思后想，觉得与其待在家里空等，不如前去寻访。于是，两个人离开了家，跋山涉水，到湘江边去寻找丈夫。

历经千难万险，娥皇和女英终于来到了九嶷山。她们沿着大紫荆河爬上山顶，又顺着小紫荆河返回山下。找遍了九嶷山的每个村庄，踏遍了九嶷山的每条小路，还是没有得到舜的消息。

这一天，两个人来到一个名叫三峰石的地方。只见那里翠竹环绕，耸立着三块巨大的石头，石头中间是一座用珍珠垒成的坟墓。

　　娥皇和女英感到很惊讶，就问当地的百姓："谁的坟墓如此壮观？"

　　百姓们含着眼泪告诉她们："这是舜帝的坟墓。他从遥远的北方来到这里，斩去了九条恶龙，使我们过上了安定的日子。可他也因为劳累过度，死于苍梧之野，被葬在了这里。他的死不仅使百姓痛不欲生，就连九嶷山的仙鹤也为之感动，它们从南海衔来珍珠，撒在舜帝的坟墓上，久而久之就变成了这座珍珠坟墓。那三块巨石，就是舜帝除恶龙时用的三齿耙化成的。"

　　听到这个消息，娥皇和女英抱头痛哭。她们一直哭了九天九夜，眼睛哭肿了，嗓子哭哑了，最后，竟哭得两眼流出血来。她们的眼泪洒在九嶷山的竹子上，竹叶上便呈现出斑斑泪痕。于是，人们将这种竹子命名为湘妃竹。然而，舜帝已死，再也不能复生了，娥皇和女英纵身跃入波涛滚滚的湘江。后来，为了纪念这两个痴情的女子，人们便把她们称为"湘水女神"。

鲧、禹治水

相传在尧舜时代，中原地区暴发了一场特大的洪水，大地成了一片汪洋。庄稼被淹没，房屋被冲毁，人们无处安家，还常常受到猛兽的侵袭，人口迅速减少。帝尧非常着急，忙召集起各部落的首领商量办法。最后，大家一致推举鲧来负责治水。

鲧接受命令后，决定采用筑堤围堵的方法治理洪水。可是九年的时间过去，洪水仍然泛滥不息，鲧治水没有取得成效。这时，尧寻找继承王位的人，得到了舜。舜被举用，到四方巡视政务，发现鲧治理洪水毫无效果，就把他流放到了羽山，后来鲧就死在那里。舜又举用了鲧的儿子禹，让他来继续他父亲鲧治水的事业。

禹为人聪慧，做事勤恳踏实。他吸取了父亲治水未成的教训，决定采用开渠排水、疏通河道的方法，将洪水引入大海。禹带领着伯益、后稷和一批助手，跋山涉水，风餐露宿，走遍了当时中原大地的山山水水。他拿着测量用的准绳和规矩，走到哪里

就量到哪里，树立木桩作为标志，测定高山大川的状貌。每发现一个地方需要治理，禹就到当地各个部落去发动群众来施工。他节衣缩食，居室简陋，把钱财都用于治理河川。每当水利工程开始的时候，他都和人民在一起劳动，吃在工地，睡在工地，挖山掘石，披星戴月地干。

据说，禹被派去治水的时候，刚刚结婚三天。后来，他路过家门口时，妻子正好生产，可他向屋里看了一眼，咬咬牙，又踏上了治水的道路。第二次，禹经过家门时，儿子挥动着小手向父亲打招呼。可工程紧迫，禹只是向妻儿挥了挥手，还是没有停下来。禹第三次经过家门时，儿子已经十多岁了，他跑过来使劲

儿往屋子里拉父亲。禹抚摩着儿子的头，告诉他洪水还没有治理好，不能回家。

就这样，经过了整整十三年的时间，禹终于将水患治好了。沟壑被填平，河道被疏通，洪水乖乖地流入了大海。不但如此，在治水的过程中，禹对各地的地形、风俗和物产进行了详细的考察。他指导人们利用洼地和湖泊聚集水流，发展生产，使水患变成水利。从此以后，人们又过上了安稳的生活。人们感念禹的功德，都尊称他为"大禹"。

后来，舜老了，开始物色继承人。禹因为治水有功，得到了大家的一致拥护。舜死后，禹便接替了他的位置，成为新的部落联盟首领。

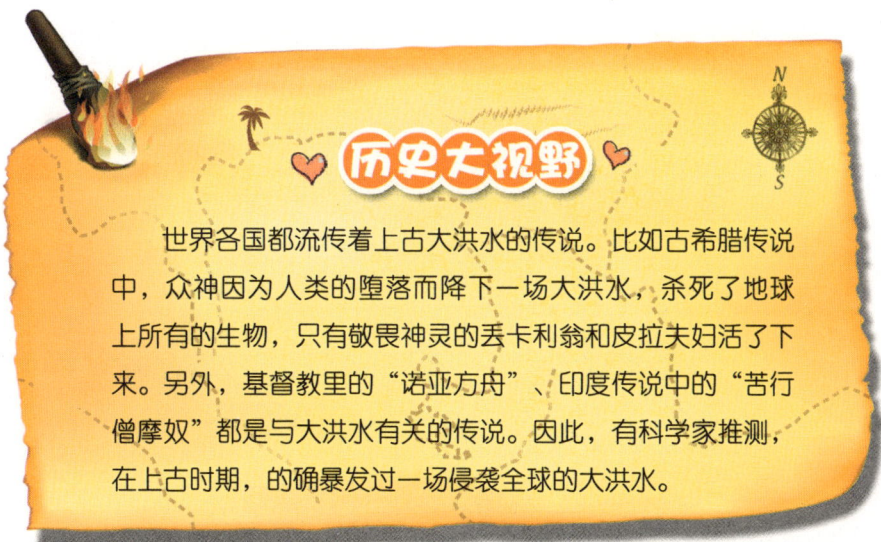

历史大视野

世界各国都流传着上古大洪水的传说。比如古希腊传说中，众神因为人类的堕落而降下一场大洪水，杀死了地球上所有的生物，只有敬畏神灵的丢卡利翁和皮拉夫妇活了下来。另外，基督教里的"诺亚方舟"、印度传说中的"苦行僧摩奴"都是与大洪水有关的传说。因此，有科学家推测，在上古时期，的确暴发过一场侵袭全球的大洪水。

[青铜时代]

夏启即位

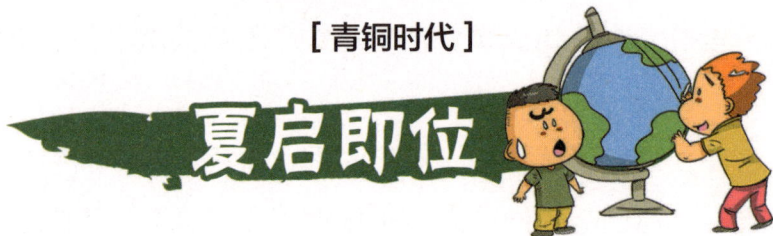

大禹即位为部落联盟首领后，并没有忘记肩上的重任。他经常外出巡视，察访民情。

在巡视期间，大禹发现有些部落首领还是存有异心。于是，他下令各个部落将所有的铜贡献出来，并用这些铜铸成了九个大鼎，代表九州，象征着首领的权威。各部落首领进贡时，都要向九鼎致礼。拥有九鼎的禹，自然也成了九州大地的主人。

另外，为了镇压乱政，禹还制定了"禹刑"，用以惩罚那些犯上作乱的人。

后来，大禹老了，他也效仿尧舜的先例，想找个贤能的人来接替自己。最初，人们推荐了在帝舜时期就掌管刑法的皋陶。可是，皋陶还没有等到接任，就病死了。

于是，人们又推荐伯益做了禹的继承人。伯益是皋陶的长子，善于狩猎和畜牧。在长期的狩猎中，伯益积累了丰富的经验，熟悉所有鸟兽的语言和习性，于是，舜便任命他做了虞官，负责治理山泽，管理草木鸟兽。伯益做事尽职尽责，驯服了许多鸟兽。

大禹继承王位之前，伯益曾辅佐他治理水患，教人们开垦荒

地、凿挖水井，为平定水患立下了很大的功劳。

另外，伯益在政治上也很有建树。他曾经告诫大禹，凡事都要考虑周全，不要过度享乐，更不要违背民意。所以，在当时人们的心目中，伯益也是一位英雄。

与此同时，禹的儿子启成长起来了。启的母亲是涂山氏。禹娶她的时候，新婚第四天就离家赴职，去治洪水。涂山氏生下启后，每天在忧伤思念中度过，不久就病死了。

启很聪明，又有贤德，把国事处理得很好，得到了天下诸侯与百姓的爱戴，在人们的心目中越来越有威信。而伯益作为

继承人，却没有新的政绩，他过去办的那些好事，也渐渐被人们淡忘了。

后来，禹帝到东方视察时，在会稽逝世。禹死后，按照禅让制度，伯益做了首领。

由于启的贤德，天下人心都归向于他，而伯益辅佐禹时间不长，天下并不顺服他。所以，许多部落首领都离开伯益而去朝拜启，说："这是我们的君主禹帝的儿子啊。"

为禹服丧三年完毕，伯益把帝位让给启，自己到箕山之南去躲避。于是，启就顺理成章地继承了首领之位。

从此，古老的"禅让制"退出了历史舞台，中国历史进入了父子相传的"家天下"时代。

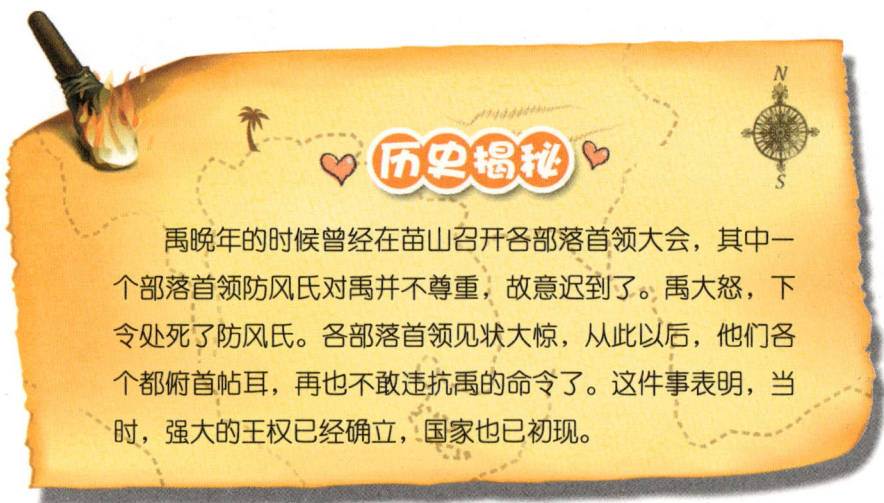

历史揭秘

禹晚年的时候曾经在苗山召开各部落首领大会，其中一个部落首领防风氏对禹并不尊重，故意迟到了。禹大怒，下令处死了防风氏。各部落首领见状大惊，从此以后，他们各个都俯首帖耳，再也不敢违抗禹的命令了。这件事表明，当时，强大的王权已经确立，国家也已初现。

夏启平天下

夏启即位为王后，在钧台（今河南禹州）举行盟会，大宴各部落的首领，以确立自己的统治。

启继承禹的首领之位，破坏了一直以来的禅让制。这引起了一些部落的不满，其中以有扈氏最为强烈。他不但拒绝出席在钧台召开的首领大会，还派人送信，要求启服从部落会议的决定，还位于伯益。对于有扈氏提出的要求，启没有答应。于是，有扈氏就以此为借口，联合了其他反对启的部落，发兵去攻打启。

有扈氏的起兵反抗，对于刚刚取得领导权的启来说，是一件关系到生死存亡的大事。夏启清醒地认识到，如果不采取坚决有力的回击，自己的统治地位就有被颠覆的危险。于是，他立即动员军队西渡黄河，对有扈氏进行反击。双方在甘泽（今陕西户县一带）相遇，随即展开激战。

决战前夕，为了鼓舞士气，启召开了誓师大会。在大会上，启鼓励将士们说："有扈氏对天帝不敬，对王道不尊，因此上天要灭绝他们！现在，我们就奉上天的命令对他们进行惩罚！"他还规定，凡是在战争中勇敢战斗的，在凯旋时都予以奖励；而临阵退缩的，不仅本人被处死，族人也要被罚为奴隶。

在启的鼓舞下，六军将士斗志昂扬，在战场上无不奋死拼杀。而有扈氏一方都是一些临时召集起来的队伍，在启的强势进攻下，节节溃败。甘泽之战，启取得了巨大的胜利。

此后，启又进行了几次征伐，彻底消灭了有扈氏，巩固了自己的统治。各部落首领再也不敢对启有异议了，纷纷向他表示臣服，启成为名副其实的君主。从此，部落联盟时期的选举制度被彻底废除，取而代之的是世袭制。

待到四方平定以后，启重新划分了九州，委派自己的亲信前去管理，称为"九牧"。另外，他还建立起专属自己的军队，设置了管理国家事务的各种机构，并开始征收赋税。就这样，中国历史上第一个奴隶制王朝——夏朝诞生了。

后羿代夏

夏启夺取政权后，完全摒弃了艰苦朴素的作风，只顾吃喝玩乐、骄奢淫逸。晚年时，启的五个儿子因为争夺继承权发生内讧，致使王室力量大为削弱。启死后，他的长子太康继承了王位。太康十分昏庸，从来不过问政事，只知道骑马打猎。他手下的臣子也纷纷效仿，一时间，整个夏王朝百业俱废，民怨四起。

这个时候，在黄河下游，一个名叫有穷氏的东夷部落悄悄兴起了。有穷氏的人以善射闻名，历代首领都是射箭高手。因此，在这个部落里流传着许多与射箭相关的故事。据说，帝尧时期，天上忽然出现了十个太阳，热得庄稼全都枯死了，河流也断了水，人们苦不堪言。于是，帝尧派了一个名叫后羿的神射手去为民除害。后羿凭借着高超的箭艺，一举射下九个太阳，解救了人间的危难。

现在，有穷氏的这一任首领也叫后羿，他非常聪慧，力大无穷，又秉承了家传的射箭技艺，短短几年时间就将有穷氏部落治理得兴旺发达。后羿见太康不得民心，便决定进攻夏都，夺取政权。

有一次，太康又带领侍从去洛水南岸打猎，去了一百天还没

有回来。后羿觉得机会来了。于是，他亲自带兵守住洛水北岸，截断了太康的归路。太康带着一大批猎得的野兽兴高采烈地来到洛水时，发现对岸全都是后羿的军队。太康无奈，只好留在洛水南岸过起了流亡生活。

不过，由于诸侯的反对，后羿并没有称王，而是另立太康的弟弟仲康做了夏王。但是，他提出了一个条件：夏朝不但要免除有穷氏的赋税，而且还要每年向有穷氏提供双倍的赋税。

仲康为人目光短浅，为了登上王位，他毫不犹豫地答应了。经过几年的发展和建设，夏朝的军队又逐渐强大起来。仲康觉得自己已经有能力和有穷氏抗衡了，于是撕毁了合约，宣布不再向有穷氏交赋税。

仲康的行为激怒了后羿。后羿再次率领军队直奔夏都。面对凶猛的有穷氏将士，夏军节节败退，仲康在大臣的帮助下逃到帝丘（今河南濮阳西南），开始了偏居一隅的统治。后羿则登上王位，成为夏朝的第六代君主。

寒浞为王

后羿夺取夏的政权后，又步上了太康的后尘。他自恃善射，整日纵情于狩猎游戏，把朝政都交给了亲信寒浞处理。

寒浞是伯明氏的后代，祖上是黄帝手下的大臣，被封于寒（今山东潍坊一带），所以其后人都以寒为姓。寒浞从小就骄横跋扈，经常搅得四邻不安。有一次父母管教他，他竟然将父母捆了起来。为此，族长将他逐出了部落。寒浞被逐后没有丝毫悔意，他听说后羿攻占了夏朝，自立为王，十分钦佩，便决定去投奔后羿。

两年后，寒浞终于来到夏都，见到了后羿，并以自己的聪明狡黠和伶牙俐齿赢得了后羿的青睐。后羿不顾大臣们的反对，将寒浞留在朝中，并收他做了义子。

寒浞知道自己的名声不好，因此处处谨慎，一方面施展各种手段博取后羿的信任，另一方面又广交朝中的权贵，以减少他们对自己的不满。这时，恰逢有穷国的属国方夷国反叛，于是，寒浞向后羿请命，率领大军前去征讨。不几日寒浞就平定了叛乱。后羿十分高兴，立即提拔寒浞做了军队的左司马，并把朝中的许多事情交给他办。

寒浞利用后羿给他的权力，结党营私，发展壮大自己的势力，同时又变着法地讨后羿欢心。后羿好酒，他便让各地进献数百坛最好的美酒供后羿享用；后羿喜欢打猎，他便从各地挑选了数十匹良马供后羿出猎时骑乘。见此情景，朝中一些老臣非常担心，他们认为寒浞这样做是将后羿往邪路上引，因此纷纷向后羿进谏，建议将寒浞免职治罪，但后羿根本听不进去。不久，后羿又不顾群臣的反对，拜寒浞为相，让他总揽朝政。老臣们全都心灰意冷，叹息道："有穷国完了。"

果然，三年之后，寒浞认为时机已经成熟，便发动政变，杀死了后羿，然后自立为王，建立了寒国。不但如此，寒浞即位后，又下令屠杀有穷氏族人。大部分有穷族人都惨遭杀害，一小部分逃出去的，也都隐姓埋名，投靠到其他诸侯门下。从此以后，在中原地区再也找不到有穷族人了。

少康中兴

寒浞称王后，不敢有丝毫大意，因为他清楚，夏王朝并没有完全灭亡。因此，他一方面继续征召青壮年入伍，加强军事力量；另一方面实行减轻赋税等政策，争取民心。渐渐地，寒国越来越强大。于是，寒浞亲率军队，向夏朝的领地帝丘发起了进攻。

当时，仲康已死，当政的是仲康的儿子相。相带领城中军民拼死抵抗，但因势单力薄，无力抵挡寒浞强大的攻势。不久，寒浞攻破帝丘，相被杀。至此，夏朝的统治权全部落入寒浞的手中。可寒浞万万没有想到，相的妻子后缗当时已怀有身孕。寒浞的军队入城时，她从城墙下的水洞逃出，装扮成农妇逃回了娘家有仍（今山东济宁市南），并于第二年生下儿子少康。

少康从小就很聪明。他懂事后，母亲将祖上失国的惨痛经过告诉他，叮嘱他日后一定要报仇雪耻，复兴夏朝。从此，他发愤图强，立志要夺回天下。不久，寒浞得知少康的消息，派兵前去捉拿他。少康只好逃到了有虞氏的部落。有虞氏的首领虞思钦佩少康的为人，把纶（今河南虞城东）地送给他居住，并给了他五百名士兵，还把自己的女儿许配给少康。

这样，少康以纶为根据地，召集那些被后羿和寒浞弄得家破

人亡的夏朝旧臣，积蓄力量，准备收复旧国。当时，有个名叫靡的人，原是相的旧臣。寒浞夺取王位后，他逃到有鬲氏的部落，招集流亡之人组成军队，实力十分强大。他听说此事后，便率领军队和少康会合，拥戴少康为夏王。

为了确保顺利收复旧国，少康先派儿子杼消灭了寒浞的小儿子豷，削弱了寒浞的力量。然后又派女艾去寒浞的大儿子浇的身边做间谍，了解敌情。一切准备就绪后，少康从纶出发，在靡与有鬲氏的帮助下，很快攻入寒浞的都城穷石，杀死了寒浞。然后，少康又派靡协助女艾杀死了浇。就这样，经历了几十年的磨难，少康终于重建了夏朝。

少康复国后勤于政事，讲究信用。在他的治理下，夏朝再度兴盛，史称"少康中兴"。

夏杼东征

少康重建夏王朝以后，社会生产有了很大的发展，王朝的统治也得到了巩固。但是，当时的东夷诸部落还是反复不定。他们有时臣服，有时反叛，成为夏朝的心腹大患。为此，少康决定对这些部落进行征伐，彻底消灭反叛势力。可就在准备之时，少康却因病去世了。

少康死后，他的儿子杼（又称"予"）继位为夏王。杼精明能干，曾协助父亲消灭了寒浞的势力。杼即位后，继承了父亲的遗

志，积极准备征伐东夷。东夷各族的人都长得高大魁梧，勇猛善战。为此，杼发明了长矛，作为进攻的武器。东夷人善射，杼又发明了战甲，用来抵挡东夷人的弓箭。为了加强对北方地区的控制，杼又将夏的都城从斟寻（今山东潍坊西南）迁到了老丘（今河南开封陈留镇北）。做好这一切准备之后，杼率领大军，开始了东征的历程。

当时，东夷各部落经常恃强袭击周围的诸侯、方国，引起了他们的不满。因此，杼在东征的过程中，得到了沿途各地诸侯、方国的支持，杼率领大军一直打到了东海（今黄海）边，终于征服了东夷各部。

随后，杼率领大军胜利回师。可惜，不久之后他就病死了，年仅二十七岁。虽然杼在位时间很短，但他的东征不但扩大了夏朝的统治范围，更安定了民心，深得人们崇敬。杼也因此被认为是继夏禹之后最出色的夏王。

趣闻播报

战甲最早出现在夏朝，多以犀牛皮、鲨鱼皮等皮革制成，上面绘有图纹。到商周时期，又出现了"练甲"和"铜甲"。练甲大多以缣帛夹厚绵制成，属布甲范畴。铜甲则以青铜制成，仅护住胸部，是一种"胸甲"。到了战国中后期，又出现了铁甲，通常以铁片制成鱼鳞或柳叶的形状，再经过穿组连缀而成。

夏桀暴虐无道

夏朝传到了第十六代君主发的时候，夏王室与各方国的关系日益恶化，王室内部也纷争不断，王朝的统治日渐衰落。

发死后，他的儿子癸（即夏桀）继承了王位。据说，夏桀不但才智过人，而且力大无穷，可以赤手把铁钩拉直，曾凭一己之力生擒过野牛、猛虎。

但是，夏桀并没有把自己的聪明才智用到治理国家上，而是整日恣意享乐，稍有不如意就随意杀人。

因此，许多诸侯都不再来朝贺了。夏桀大怒，决心惩罚那些不顺从他的部族。

夏桀首先将目标对准了东方的有施氏，率领着大军直奔有施氏的领地。

有施氏知道夏桀贪恋女色，便选了一个绝色美女妹喜献给了夏桀。夏桀见了大喜，立即收兵，回了都城。

为了讨取妹喜的欢心，夏桀大兴土木。他征发了大批百姓和奴隶，建造了一座高大的倾宫，倾宫里又修筑了瑶台、象廊和玉门。夏桀与妹喜日日在倾宫中饮酒作乐。

妹喜听烦了器乐，夏桀便向百姓征收大量布帛，令人撕裂来博

得妹喜的笑声。

夏桀十分讲究饮食，喜欢吃西北出产的蔬菜，东海捕捞的大鱼，并且要用南方出产的生姜和北方出产的海盐作为调料。

于是，为了供应夏桀一个人的饭菜，成百上千人替他种菜、运输、捕鱼、烹调。而这一切负担都落在了百姓的头上，百姓苦不堪言。

人们甚至指着太阳叫骂"你这个太阳什么时候灭亡，我愿意与你一同灭亡"，以此来诅咒夏桀。

然而，夏桀依旧我行我素，为了榨取更多的财富，他不止一次召开诸侯大会，命令诸侯们献出珍宝，稍有不从便起兵征伐。

到了晚年，夏桀更加荒淫无度，竟然命人在倾宫中挖了一个巨大的池子，里面灌满美酒，可供三千人痛饮。酒糟堆成了山，站在上面可

以望到十里以外的地方。

夏桀终日与妹喜等人在此处玩乐，有时竟然一个月也不上朝。夏桀的举动引起了朝中大臣们的不安，他们纷纷劝谏，说这样就离亡国不远了。

可夏桀根本就听不进去，他说："天上有太阳，正像我有百姓一样。太阳会灭亡吗？太阳灭亡，我才会灭亡。"而那些劝谏他的大臣，不是被赶，就是被杀，剩下的也纷纷投奔到别的地方去了。

这时，位于黄河下游一带的商族在首领汤的领导下，开始兴旺起来。大约公元前17世纪，汤率部攻占了夏的都城，夏桀逃到南巢（今安徽巢湖），不久就病死了。

自此，存在了近五百年的夏朝结束了，中国历史进入了一个新的朝代——商朝。

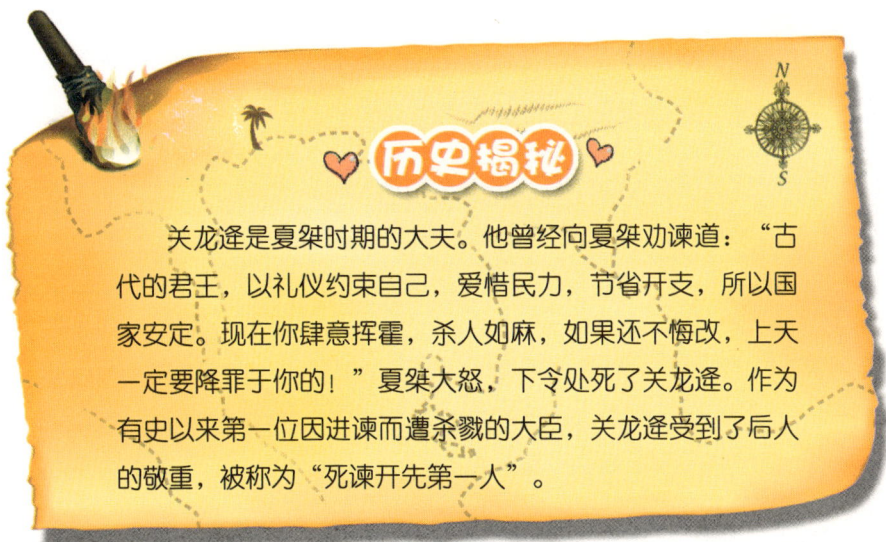

历史揭秘

关龙逢是夏桀时期的大夫。他曾经向夏桀劝谏道："古代的君王，以礼仪约束自己，爱惜民力，节省开支，所以国家安定。现在你肆意挥霍，杀人如麻，如果还不悔改，上天一定要降罪于你的！"夏桀大怒，下令处死了关龙逢。作为有史以来第一位因进谏而遭杀戮的大臣，关龙逢受到了后人的敬重，被称为"死谏开先第一人"。

商汤崛起

夏朝末年，在黄河下游，即今天的河南、山东一带，一个新的部落悄悄崛起了，这就是商族。传说，商族是帝喾的后裔。舜时，商族出现了一位杰出的军事首领——契，他就是商族的始祖。等到契的孙子相土执政时，夏朝正陷入太康失国的混乱时期，这给了商族发展的机会。相土借机扩张自己的势力，为商族的强大奠定了基础。到契的第十四代孙汤时，商已经成为东方一个比较强大的方国。

汤，姓子，又称成汤、商汤。汤不但聪明过人，而且宅心仁厚。据说，有一次，汤看见一个人张开大网，喃喃自语道："来吧，鸟儿们！飞到我的网里来！无论是飞得高的低的，向东还是向西的，所有的鸟儿都飞到我的网里来吧！"汤听了，对那人说："你的方法太残忍了，这样的话，所有的鸟儿都会被你捕尽的！"然后，他弯腰砍断了三面的网，祷告道："鸟儿们，喜欢向左飞的，就向左飞；喜欢向右飞的，就向右飞；如果你真的厌倦了你的生活，就飞到这张网里来吧！"

汤网开三面、恩及禽兽的事传开以后，人们对他赞叹不已。而许多诸侯也来归顺汤，商族的势力进一步壮大了。

此时，夏朝在夏桀的暴政下，民不聊生。汤觉得时机已到，便

开始积蓄力量，为推翻夏朝做准备。他首先把目光对准了夏的属国葛国。当时，人们非常迷信，把祭祀天地看成是非常重要的事情。可是，葛国的首领葛伯却不按时祭祀。于是，汤派人去责问葛伯。葛伯回答说："我们这儿太穷了，没有牲口做祭品。"汤听后，便给葛伯送去了一批牛羊，可葛伯却把牛羊烹去吃了，又不祭祀。汤又派人去责问，葛伯说："我没有粮食，拿什么来祭祀呢？"汤又派人帮助葛伯耕种田地，还派了一些老人、孩子给那些耕作的人送酒送饭。不料在半路上，葛伯派人把那些酒饭都抢走了，还杀了一个送饭的小孩。

葛伯的做法引起了诸侯们的公愤。汤利用这件事，出兵消灭了葛国。各路诸侯听闻，都觉得汤是为正义而战，对他更加臣服。汤也由此开始，为消灭夏朝做好了全面的准备。

伊尹、仲虺归附

商族越来越强大，汤也越来越发觉到人才的重要性。于是，他四处寻找贤人，辅佐自己建功立业。伊尹和仲虺就是其中的两位。

伊尹又名伊挚。相传，伊尹生在伊洛流域的有莘国，父母都是奴隶。尽管出身卑微，但伊尹自幼聪慧，勤学上进，还烧得一手好菜。长大后，伊尹继承父亲的职业，在贵族家做了一名厨师。因为他深谙尧舜之道，所以那些贵族都把自己的子弟交给他，让他代为管教。

汤早就听说过伊尹的大名，他曾经三番两次派人带着礼品去聘请伊尹，每次都被有莘国国王拒绝。汤冥思苦想，终于想出了一条计策。他派人带了重礼去向有莘国国王求亲，请他把女儿嫁给自己，有莘国国王欣然答应了。就这样，伊尹以陪嫁奴隶的身份来到了商族，受到了汤的重用。

仲虺，又名中垒，是薛国始祖奚仲的第十二世孙。仲虺二十四岁的时候即位成为薛国国君。据记载，仲虺极具才华，又富有政治远见。他不辞辛劳，带领薛国的民众改进生产工具，发展农业生产。他还提倡人们饲养牲畜，大力发展畜牧业。为此，他专门设立了农官一职，负责教导人们利用庄稼的秸秆饲养牲畜，再用牲畜的

粪便来提高土地的肥力。另外，仲虺还非常重视手工业的发展。在他的领导下，薛国的实力大大加强。

汤听闻这些事后，亲自前往薛国，请求仲虺帮自己建功立业。仲虺早就听说了汤的大名，知道他是一个宅心仁厚、胸怀大志的人。于是，仲虺欣然接受了汤的邀请，举国前来援助汤。

当时，夏王朝在夏桀的暴虐统治下，已经陷入了内外交困、难以维持的局面。于是，汤任命仲虺为左相，伊尹为右相，积极进行灭夏的准备工作。他接受了伊尹和仲虺的建议，先征伐了那些与商族敌对的诸侯国，以壮大自己，削弱夏桀的力量；然后又在国内广施恩泽，以德义服人，赢得了百姓的爱戴和各路诸侯的拥护。

经过三年的准备，见时机已经成熟，伊尹和仲虺便建议汤立即发兵攻伐夏桀。在他们的辅佐下，商族大军一举攻下夏的都城斟鄩，夏桀只好逃跑了。

商汤灭夏

汤在伊尹和仲虺等众多人才的辅佐下，经过十一次征伐，终于灭掉了所有与自己作对的夏的属国。夏桀大惊，急忙下令，命"九夷之师"前来相助，讨伐汤。可是，"九夷之师"早就对夏桀心生怨恨，拒绝服从他的命令。汤认为攻伐夏桀的时机已经成熟了，于是，他亲率大军向夏朝发起了攻击。

决战前，汤举行了誓师大会，进行了战前动员讲话。他说："并非我胆敢向夏王挑战，只是因为夏桀犯了很多罪，上天命令我惩罚他。现在你们有的人可能会说：'我们的君王不体恤照顾我们，要我们荒废农事，去征伐夏王。'但是，夏王是有罪的，我畏惧上天，不敢不听从上天的命令。或许，你们还会问：'夏王犯了什么罪？'我要告诉你们，他奢侈浪费，耗尽民力，残酷地剥削百姓。夏朝的政治已经被他败坏了，所以我一定要去讨伐他。你们只要帮助我，执行上天的命令，我就会重重地赏赐你们，绝不食言。但如果谁不遵守誓言，我就会处死他，还会将他的家人降为奴隶，绝不宽恕！"

夏桀早就丧失了民心，因此将士们听了汤的话，全都表示赞成和支持。就这样，浩浩荡荡的征讨大军一路向前，直奔夏

都斟鄩。

此时，夏桀再也顾不上寻欢作乐了，他连夜调集军队，设下几道防线，想阻止商军的进攻。

然而，夏桀手下的军队纪律涣散，刚一上战场就被商军打得大败而归。夏桀见势不妙，带领残兵败将逃往鸣条（今河南封丘东，一说今山西安邑北），商军随即而至，在鸣条与夏桀展开决战。结果，商军又大获全胜。

夏桀带着妹喜和几十名亲信仓皇逃奔南巢（今安徽巢湖境内）

的亭山，不久就死去了。

商汤灭夏以后，迁都于亳，在亳召开了由众多诸侯参加的"景亳大会"，得到了诸侯的拥护，成为天下之王。

随后，汤将夏的九鼎迁往国都。同时，他更改了岁历，命令服装的颜色也由夏朝的"尚黑"改为"尚白"，甚至还规定，连祭祀用的牛、羊等也都要改用白色的。

至此，商朝正式取代了夏朝，成为我国历史上第二个奴隶制王朝。

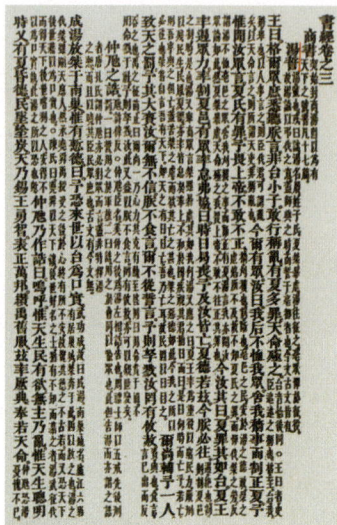

历史大视野

远古时期，在中国东部生活着许多以鸟为图腾的部落。传说，这些部落起源于燕山山脉一带，那里自古就是各种鸟类集栖之地。他们以鸟肉为食，鸟羽为衣，慢慢地发展到将鸟作为崇拜的图腾。在这些部落里，有九支最为强盛，被称为"九夷"，即畎夷、于夷、方夷、黄夷、白夷、赤夷、玄夷、凤夷和阳夷。

汤祷桑林

汤 建立商朝后，很注意吸取夏灭亡的教训。他经常对人说："君王只要看到老百姓的乐与悲，就可以知道治理的得与失，这就如同人可以从水中看到自己的形象一样。"为此，他不止一次地告诫诸侯与臣属："要努力为百姓办事立功，否则我就会惩罚你们。那个时候你们可不要抱怨。"而汤自己，确实也像他说的那样，殚精竭虑，日夜为百姓操劳。

有一次，连续五年大旱，庄稼颗粒无收，百姓的生活陷入了困顿。

汤看到这种情况，内心非常焦急。于是，他独自来到桑林里，向上天祷告："我一个人有罪，请不要连累成千上万的百姓。如果百姓

有罪，其责任也在我，请
不要因为我的过失，而使
百姓受到伤害。"说完，
汤剪下自己的头发和指
甲，借此报答父母的养育
之恩，然后坐在柴堆上，
把自己作为祭祀上天的祭
品，准备点火烧死自己。

　　说来也奇怪，火刚点起来，突然风云变色，倾盆大雨从天而
降，浇灭了大火。

　　这场雨一直下了一天一夜，旱情终于解除了。百姓们无不欢
呼雀跃，感激自己的君王——汤。

历史大视野

　　在商朝时，人们崇拜的神有三种，分别是天上的神、祖
先神和地上的神。商人相信，人的灵魂是不死的，当君王死
后，其灵魂会到达上天，成为天神传达意志的"使者"，为
人间造福惩恶。在商朝时，王具有了双重身份——既是人，
也是神，地位至高无上。从出土的甲骨文字记录以及人殉、
人祭等可以看出，商人十分重视神权。

伊尹放太甲

汤临死前，将国政托付给右相伊尹。按规定，商朝的王位应该由汤的长子来继承，可长子太丁已经先于汤死去。于是，伊尹便立太丁的弟弟外丙为王。

不久，外丙病死，伊尹只好又立他的弟弟中壬为王。可惜，中壬不久也去世了，王位便落在了汤的长孙太甲头上。

当时，太甲年纪尚轻。为了教导太甲吸取夏桀灭亡的教训，弘扬汤的功德，伊尹先后写了《伊训》《肆命》等文章，督促太甲遵守先王的法度，治理好国家。

刚开始，太甲还比较勤恳，可没多久就开始懈怠了，整日只知饮酒作乐，不理朝政。

伊尹屡次劝诫无效，只好把太甲软禁起来，流放到桐宫（今河南偃师西南），让他闭门思过，自己代为执政。

桐宫是商朝王陵的所在地，汤就葬在这里。太甲在桐宫一住就是三年。

太甲在这里反省自己，他见祖父汤身为开国君王，坟墓却非常简陋，而自己奢侈无度，不禁心生愧意。

后来，太甲又从守墓人那里了解到了汤创业时的艰辛和勤政

节俭的品德，这使他对自己的所作所为非常悔恨。

于是，太甲一改往日作风，不仅严以律己，而且关心他人，与人为善。

伊尹听说后，立即率人前往桐宫，将太甲迎回国都，把国政大权交还给他。

后人因伊尹的功绩和忠诚，尊崇他为历代第一贤相，把他与后来的吕尚（姜子牙）、周公、管仲等人一起，奉为人臣楷模。

历史大视野

夏朝的王位继承制度是父死子继和兄终弟及并行，但以父死子继为主。商继承了夏的王位继承制度，但有了很大的发展。前期主要实行的是兄终弟及制，到了中后期，则又转变为父死子继。后来，由于一夫多妻制的家庭关系，原本的父死子继又逐渐转变为由嫡长子继承，即由正妻所生的大儿子继承王位。

盘庚迁都

商汤在建立商朝的时候，国都定在亳（今河南商丘东南）。在此后的三百年中，由于王族内部纷争，再加上黄河连年泛滥，商都先后共迁徙了五次。

盘庚是商朝的第二十位君主，他即位的时候，商朝正处于内忧外患之中。王室内部为争夺王位继承权进行着激烈的斗争，这种斗争大大削弱了商王朝的力量。各地诸侯趁机壮大自己的实力，对商朝的王权形成了严重的威胁。王族的内部斗争也影响到生产的发展，农田水利失修，田地荒芜，百姓生活穷困潦倒。为了摆脱这种危机，盘庚决定再次迁都。可是，大多数贵族贪图安逸，都不愿意搬迁。一部分有势力的贵族还煽动平民起来反对，闹得非常厉害。

面对这些阻力，盘庚并没有动摇。他说："以前上天降下大灾难的时候，先王们都为了臣民的利益而迁徙。现在我也和先王一样，希望你们都能安乐地生活，所以才决意迁都。"

他还告诫那些反对迁都的贵族："我看出了你们的意图。如果你们再这样做，无论关系亲疏，谁犯罪我就要惩罚谁！国家治理得好，是你们大家的功劳；如果治理得不好，由我一个人承担责任。你们只要做好你们分内的事就行了，否则等受到惩罚时，再后悔就

来不及了。"

听了这番话，再也没有人反对迁都了。盘庚命人造了一批大船，运送臣民渡过黄河，将新都迁到了黄河以北的殷（今河南安阳）。

安置好臣民后，盘庚立即着手规划宗庙、朝堂。他要求大家不要懈怠，要努力建设新都。他对诸侯大臣们说："我不会任用贪财的人，而是要任用那些能为臣民们生财的人。我尊敬那些能安抚臣民使之安居乐业的人。希望你们都成为这样的人，并永远与我同心同德，共建国家。"

经过盘庚的艰苦努力，几年后，殷便发展成为一个繁荣的大都市，已滑向没落的商王朝也重新兴盛起来。在此后的二百多年里，直到商朝灭亡，商朝的都城再也没有迁徙过。

傅说拜相

盘庚迁都使商王朝得到了复兴，盘庚死后，他的弟弟小辛和小乙相继登上王位，但他们都没有什么作为，商朝又开始走向衰落。

小乙死后，其子武丁即位。武丁年轻的时候，曾受父命隐去身份在民间生活过一段时间。他同普通民众一样劳作、耕种，了解了民间疾苦，也发现了不少有才能的贤人。

有一次，武丁路过虞山（今山西平陆与河南三门峡之间），看到一批刑徒正在修筑土墙，武丁上前和其中几个刑徒聊了起来。他发现，其中有个叫傅说的刑徒很有见解，是有治国能力的贤人，武丁便暗暗记下了他的名字。

武丁因为长期生活在民间，对朝廷的情况不是很了解，他即位后便以守孝居丧为名，三年不发表政见。其间，他认真观察了朝中的情况，考虑复兴商朝的办法。他认为任用贤能非常重要，便决定选用傅说。可是，傅说只是一个刑徒，如何说服大臣们呢？武丁前思后想，终于想出了一个办法。

一天晚上，武丁睡到半夜，突然放声大笑起来。手下的臣仆听了，赶忙走上前唤醒武丁，询问他到底发生了什么事。武丁一边笑一边说："我朝有希望了！刚刚，我梦见先王汤给我推荐了一个大

贤人，名字叫作傅说，说他可以辅助我治理好国家。你们快快把这个人找来！"

当时，鬼神之说十分盛行，因此臣仆们对武丁的话全都深信不疑。可茫茫人海，仅凭着一个名字去找一个人谈何容易？于是，武丁便叫来画师，让他按自己的描述画下了傅说的相貌，然后命人带着画像去寻找。

这一天，一个大臣在一群服劳役的刑徒中发现了一个人，和武丁所找的人非常相似，便把他带回了王宫。武丁一看，这个人正是傅说，不禁大喜。他笑着说："我梦中的贤人到了！"傅说见了武

丁，也恍然大悟。

于是，武丁当即宣布，解除傅说的奴隶身份，并任命他为相，辅佐自己处理国政。

大臣们见傅说的相貌和武丁的描述分毫不差，也都深信不疑。在相处的过程中，他们见傅说博学多才，见识非凡，更是对他佩服得五体投地，坚信他就是上天派来振兴商朝的贤人。

傅说为相后，没有辜负武丁对他的期望。他竭尽全力辅佐武丁，帮武丁制定了许多改革措施。这些措施不但完善，而且非常公平，因此，无论是贵族还是平民都没有怨言。商朝的国势很快又强盛起来，这个时期被称作"殷道大治"。

历史大视野

荀子说："刑名从商。"这是因为商朝时期，刑罚已经相当完备，而且多为后世所沿用。据记载，商朝的刑罚非常残酷，除了以残害人体为主的五刑（墨、劓、刖、宫、大辟），死刑还有活埋、沉水、火焚等多种形式。此外，据文献记载，商朝还有孥戮、劓殄以及炮烙、剖心、醢、脯等酷刑。

武丁中兴

武丁是商朝的第二十三位君主。由于他十分善于选拔、任用人才，所以在他的身边聚集了许多贤臣，除了傅说，还有干盘、祖己等人。

有一次，武丁正在太庙祭祀先祖成汤，一只野鸡突然飞过来，落到鼎上乱叫。

在王都的郊外有一座茂密的森林，是飞鸟经常栖息的地方。所

以野鸡飞来鸣叫，是一件非常自然的事情。

武丁却很紧张，认为这是不祥之兆，是上天对他的警示。

这时，祖己上前进谏道："大王不必忧虑，只要您处理好政事，励精图治、勤俭节约，一切不祥之兆都会烟消云散。祭祀之事，首先要求您的心端正。上天看待下民的主要标准就是他是否按德义行事。一个人寿命的长短，不是上天所为，而是由这个人有没有按德义行事决定。大王应该首先尊重自己的臣民，而不要只顾及自己的祖先。"

原来，当时武丁用来祭祀的祭品非常丰盛，祖己担心他会流于奢侈，因此才借机说了这番话。武丁听了，一下子惊醒了，急忙命人撤去了祭品。

正是由于武丁能够接受贤臣的忠告，同时又能体恤下层百姓的疾苦，所以在他统治的时期，社会趋于稳定，经济发展很快，国势日益强盛。

在傅说等人的辅佐下，武丁首先规范了国家的内部机构，宫内事务、武事、刑罚、宗教及奴隶的管理都有明确的分工，每个人各司其职，整个国家井然有序。另外，武丁还大力提倡发展农业、畜牧业，百姓生活富足、安乐。

当时，在商朝的周边有许多游牧民族，他们经常骚扰商人居住的地区，严重干扰了人们的生活和生产，对商王朝的统治也构成了很大的威胁。于是，武丁又开始着手发展军事，建立了一支建制完整、纪律严明的军队，为攻伐这些势力做好了准备。

武丁首先将攻伐的目标对准了工方。工方大致活动在今天内蒙古南部与陕西北部一带，盘庚迁都前，工方利用商王室内部纷争之机，迅速扩张势力。为了掠夺更多的生产资料，他们经常南下骚扰商朝的属国，甚至深入到商朝王畿附近进行掠夺。

于是，武丁命禽和干盘为将，率大军前去征讨，用了三年时间，终于征服了工方。工方的领地也全部并入商朝版图。随后，武丁又先后发兵征服了西部的土方、北部的鬼方以及活动于今天山西、河北等地的羌方。

这些征战，使百姓获得了比较安定的生活空间，也使殷商与外方的关系恢复到正常的状态。

据记载，至武丁后期时，商王朝的势力已经北至今内蒙古南部，南达江汉流域，西至甘肃东南部，东达山东半岛。商王朝由此进入鼎盛时期，史称"武丁中兴"。

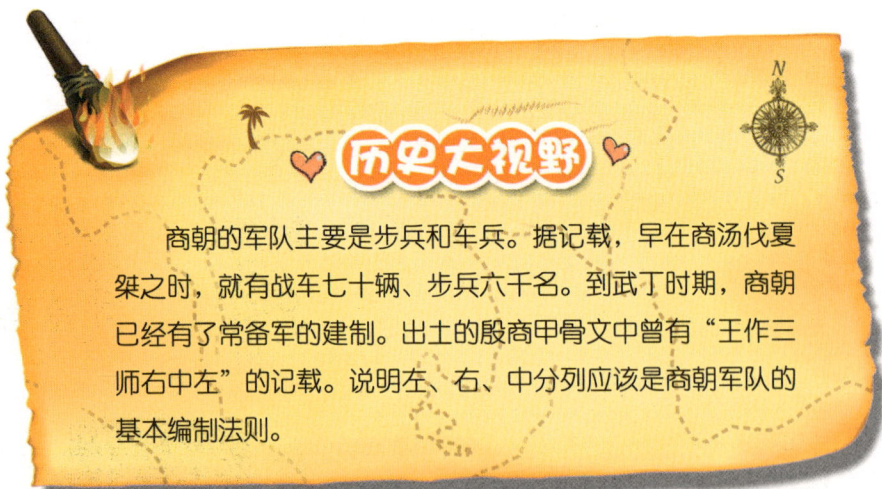

♥ 历史大视野 ♥

商朝的军队主要是步兵和车兵。据记载，早在商汤伐夏桀之时，就有战车七十辆、步兵六千名。到武丁时期，商朝已经有了常备军的建制。出土的殷商甲骨文中曾有"王作三师右中左"的记载。说明左、右、中分列应该是商朝军队的基本编制法则。

女帅妇好

妇好是商王武丁的妻子。据记载，妇好聪慧勇敢，具有卓越的军事才能。

妇好与武丁结婚不久，北方边境有外敌入侵，派去征讨的将领久久不能平定。妇好便主动请缨，要求率军前往平定战乱。武丁对妇好领兵作战的能力并不了解，因此非常犹豫，考虑了很久，最后通过占卜才决定让她出征。

没想到，妇好一到前线，不仅调度指挥有方，而且身先士卒，很快就击退了敌军，得胜而归。武丁不禁对妻子刮目相看，立即封妇好为军事统帅，让她指挥作战。

从此以后，妇好率领军队东征西战，先后击败了北土方、南夷国、南巴方及鬼方等二十多个方国，为商王朝开疆拓土立下了不朽的战功。

妇好伟大的战功之一，就是率领一万三千人的大军，征讨西北部内蒙古、河套地区的敌军。

这是一场自卫战。在妇好出征之前，商王朝已经被西北边境的敌人骚扰了很多年，始终没能根除祸患。而妇好不但一战即胜，而且使敌人俯首帖耳，全部归顺了商朝。自此，商朝的边境终于彻底安定下来。

除了具有高超的军事才能，妇好还有较高的文化修养。武丁经常命她主持各种祭祀典礼，还任命她为卜官，刻写卜辞。在现今保存下来的甲骨文中，有好些出自妇好的手刻。

正是因为如此，武丁对妇好不仅宠爱，而且非常敬重。每当妇好单独出征、凯旋的时候，武丁总是抑制不住内心的喜悦，出城相迎，有一次，竟然一直迎出了八十多里地。

为了奖励妇好的功绩，武丁还给妇好划分了封地。妇好在自己

的封地上，就是一切的主宰。她可以主持封地范围内的所有事务，拥有田地、民众，可以自己建立一支独立的军队。

妇好还定期向丈夫武丁交纳贡品，一切全都按王国和诸侯的礼仪来办，绝不因私废公。

可惜的是，妇好三十三岁就死去了。她的去世令武丁非常伤心。于是，武丁命人将妻子安葬在自己处理军政大事的宫室旁边，让自己随时都能看到她，日夜都能守护着她。

即便如此，武丁仍然觉得自己守护的力量不够，不足以抵达幽冥。于是，他率领儿孙们举行了一次又一次大规模的祭祀，祈求先祖佑护妇好。

而每当国家有战事时，武丁也要亲率子孙大臣，为妇好举行大规模的祭礼，希望她能保佑自己旗开得胜。

历史大视野

妇好墓是迄今为止保存得最完好的殷商古墓。墓中陪葬非常丰富，不同质地的随葬品共一千九百多件，其中包括青铜器、玉器、骨器、象牙制品等，主要以礼器和武器为主。这些陪葬品反映了武丁时期商王朝礼器群的类别和组合，是研究商代礼制的重要资料。

武乙射天

武乙是商朝的第二十八位君王。由于上两任商王只知享乐，不理国事，当武乙即位时，武丁时期的繁荣已不复存在。不仅百姓的生活陷入困顿，周边的方国也蠢蠢欲动，不时地制造一些骚乱，威胁商朝的边境安全。

面对这种情况，武乙决心整顿军队，加强国家的军事力量，用武力征服敢于叛乱的方国。

经过几年的准备，商朝的军事力量日益增强，于是，武乙选择了一个吉日，首先对西部以旨方为代表的叛乱部族进行征伐。

经过数场激战，商军大获全胜，平定了旨方的叛乱。随后，武乙又率军征服了南方的归伯。

这样，周围各方国再也不敢轻举妄动了，商王朝的统治暂时稳定下来。

接连的胜利滋长了武乙骄傲狂妄的情绪。当时，商人非常迷信，所有的事

情都听命于神，因此那些执行占卜的巫、卜等都具有很高的地位，常常假借天意钳制商王的行动。这引起了武乙的不满，他决不容许神权干涉自己的王权。

于是，武乙命人制作了一个木偶，给它穿戴好衣冠，称为"天神"。武乙把这个木偶安置在自己的宫廷中，要与它进行投掷比赛。

木偶哪会投掷？武乙便命令一个臣仆代表它，与自己比赛。那个代为投掷的臣仆怎么敢与商王比试高低，只好认输了。

武乙得意地说："天神怎么会输？可见他并不灵验！"他命人脱去木偶的衣冠，对木偶痛打了一顿。旁边的巫、卜和贵族们吓得面如土色，不敢出声。

武乙仍然意犹未尽。他听说天神都住在天上，于是发誓和天争斗。可是天高高在上，如何争斗呢？

这时，一个大臣上奏道："大王想搏于天，臣有一个办法，可以一试。"

武乙忙问："什么办法？"

大臣回答道："大王可以将皮袋盛满血，挂在高处。然后大王再拿箭射这个口袋，是为射天。如果天神灵验，必定不会让您射中！"武乙一听大喜，忙命工匠缝制了一个皮袋，里面装满牛羊血，然后将皮袋高高挂起，宣布自己要射天，要臣民们都来观看。等人都到了，武乙便弯弓搭箭，对准皮袋射过去。只听噗的

一声，皮袋被射破了，里面的鲜血喷洒而出。武乙哈哈大笑，宣布"射天"成功。从此，巫、卜们再也不敢以"上天""天意"为借口干涉武乙的行动了。

从此，武乙更加肆无忌惮，整日沉溺于游猎、玩乐之中。一次，武乙率人去西部地区游猎，在黄河与渭水之间遇到大雷雨，被雷击死了。这给巫、卜们提供了一个辩解的好机会，他们宣称武乙不敬天神，所以才遭雷击而死。此后，神权又开始干涉王权。

历史大视野

商朝人以迷信鬼神而著称，"天讨""天罚"的神权思想在商朝发展到高峰，祭祀鬼神已成为一种制度，并指导着国家所有的日常活动。商人认为，任何事情都在冥冥之中受着鬼神的支配，而巫、卜等神职人员正是神与王之间的中介，他们代表鬼神，支配着国家政治和商王的行动。

纣王伐东夷

东夷是居住在商朝中心区域以东的夷人部落的总称。在历史上，东夷同中原一直处于"时战时和"的状态。当中原地区的力量强于东夷时，东夷就臣服于中原王朝；而当中原地区的力量衰落时，他们就立即转为进攻。因此，从夏朝建立直到有商一代，东夷始终是中原王朝的最大威胁。自商朝建立以来，经过历代商王的征伐，东夷一直处于臣服状态。然而，到商朝末年，随着商王朝的衰落，东夷又开始大举入侵。

这时，商朝的王位已经传至最后一代君主帝辛，即纣王。帝辛天资聪颖，勇猛有力。他继位初期，在名臣贤相的劝谏教育下，也曾励精图治，专心朝政，因此颓废的商朝一度出现了复苏的景象，百姓生活也较为安定。面对这种情形，帝辛开始得意起来。

当时，位于商朝西边的属国周在文王姬昌的治理下蒸蒸日上，这引起了帝辛的担忧与不满。恰逢此时，东夷又来进犯。于是，帝辛决定率军远征东夷，既是为了平定战乱，也是为了给周以警示。

出征前，帝辛举行了隆重的祭祀仪式。仪式上，帝辛采用了最高等级的祭品——人牲，借此表明自己必胜的决心。祭祀仪式结束后，商军开始向东挺进。此次出征，帝辛动用了约三万人的军队和

庞大的象阵。帝辛坐在由四匹骏马拉着的战车上，率领大军浩浩荡荡地越过淇水，向东进发。面对强大的商军，东夷各部望风而逃。帝辛立即命人追击，一直追到淮河流域，终于追上了逃跑的东夷军。在战场上，商军强大的象阵发挥了作用。东夷人善射，但由于生产力水平较低，他们所用的箭头都是普通的竹木制成的，穿透力非常有限。而商军的战象身上都披着厚厚的甲胄，这些竹箭根本就射不进去。在帝辛的指挥下，象阵冲入东夷军队中，东夷兵被踩踏而死的不计其数，剩下的也做了俘虏。其中有一个叫有苏氏的东夷小部落集体被俘，部落首领为了保全族人，便将自己的女儿妲己献给了帝辛。

掠获了大批财宝、奴隶，又得到了一位绝世美女，帝辛大喜过望，立即下令班师回朝，结束了此次东征。

商纣奢侈无度

征服东夷大大增长了帝辛的见识，提高了他的威望，但也滋长了他骄横与享乐的情绪。他认为原来的都城已经无法与他巨大的功绩相匹配，于是开始大规模扩建都城沫，并将沫改名为朝歌。

后来，帝辛又先后几次对东夷用兵，随着战争的胜利，一批批俘虏源源不断地被送入朝歌，成为奴隶。随着奴隶的增加，商朝的农业、畜牧业和手工业得到了很大的发展，呈现出一派欣欣向荣的景象。面对这种"中兴气象"，帝辛更是扬扬自得，他开始变得奢侈无度，性情也越来越专横残暴。

帝辛命人在朝歌构建了富丽堂皇的宫殿、园林，还修筑了一座高大的平台，取名为鹿台，把从各地搜刮来的奇珍异宝都藏在鹿台里。另外，他还命人修建了一座巨大的仓库，称为钜桥，专门贮存粮食。即使这样，帝辛还是觉得不满足。于是，他又命人在邯郸和沙丘分别修筑了供自己游乐居住的宫苑。特别是在沙丘，还专门修建了放养珍禽异兽的园囿。帝辛日日与宠妃妲己躲在宫苑中饮酒作乐，根本无心打理政事。

即使这样，随着时日的推移，帝辛还是觉得不够刺激。他又命人在沙丘修建了"酒池"，再将熟肉挂在苑中的树枝上，称为"肉

林"。然后他命人招来大批青年男女，让他们脱光衣服在林中跳跃追逐，借以取乐。

另外，帝辛对于妲己的宠爱，更是到了无以复加的地步。为了取悦妲己，他竟然命人砍掉涉水者的小腿、剖开孕妇的肚子，验证真假。

帝辛的暴虐荒淫引起了大臣们的不满，他们纷纷进言劝谏。对于大臣们的劝谏，帝辛常常诡辩对付过去。实在无法辩解时，他便恼羞成怒，对劝谏者施以酷刑。大臣梅伯就因为进谏而被杀死。更令人发指的是，帝辛竟然命人将梅伯的尸体剁成肉酱，赐给各地诸侯吃，以此警告他们：谁再敢进谏，梅伯就是榜样。除了梅伯，位列三公的九侯、鄂侯和帝辛叔父比干都遭遇了不幸。西伯姬昌也被囚禁了七年，多亏其臣下以重金搭救才得以脱身。

见帝辛如此昏庸、残暴，许多大臣生了离去之意，纷纷逃离商都，投奔了西伯姬昌。剩下的也惶惶不可终日，再也不敢进谏了。帝辛众叛亲离，商王朝的灭亡已时日不远。

比干被杀

比干是商朝第二十九位君主文丁的儿子，自幼聪慧机敏、勤奋好学，二十岁的时候就以太师的身份辅佐帝乙管理朝政。帝乙死后，比干又以托孤重臣的身份辅佐帝辛。

帝辛暴虐昏庸，横征暴敛，比干深为悲愤，屡次劝谏。为此，帝辛对比干痛恨至极，不止一次想严惩他，但碍于他是自己的叔父，只好作罢。

帝辛末年，位于殷商西部的周国迅速强大起来。周武王率军伐商，攻占了商朝的许多地方。然而，帝辛仍然只顾享乐，完全没有把这些事放在心上。比干等人不止一次地进宫劝谏，帝辛却总是不以为然地说："我的命是天给的。那些百姓的戏言，又能把我怎么样？"说完他便将那些劝谏的大臣赶了出去。

听了帝辛的话，帝辛同父异母的哥哥微子失望至极，他对比干说："我们的祖先给我们留下的江山，因为大王的淫乐已经被败坏了。如今连大臣都干偷窃奸邪的事，六卿也争相效仿，而不遵守法度。百姓更是全都反对我们。我们的国家，就像涉深水一样，既找不到渡口，又看不到边岸，殷商就要亡在今天了！太师，我已经不想待下去了，我要离开这里。"说完，微子就走了。

　　比干见微子离去，叹息道："主上有过错，不去劝谏，就是不忠；怕死不说，就是不勇。有过就谏，才是大忠大勇的人。"说完，他又上殿面见帝辛，指责他的过错，劝谏他洗心革面，重整朝纲。帝辛无言以对，最后恼羞成怒地说："你为什么这么坚持你的看法？是什么东西让你坚持自己的看法？"

　　比干说："我是希望你痛改前非，保住先王留下的社稷。是这个想法支持我来劝谏你的。"

　　帝辛一听更生气了，他看着比干说："你凭什么希望我怎么样，难道你以为自己是圣人吗？我听说圣人的心有七个孔窍，我倒要看看，你的心是不是也有七个孔窍！"说完，他命人杀死了比干，将他的心挖了出来。

　　比干虽然死了，但是他不畏强暴、勇敢直言的精神却受到了后人的无限敬仰。

古公亶父迁岐

夏朝时，在豳地（今陕西邠县、旬邑县之间）生活着一个部族——周族。相传，周族的始祖是帝尧时期的农师后稷，其封地最初位于邰（今山西武功县西）。

后来，因为夏朝中衰，后稷的后人不窋开始率族西迁，到不窋的孙子公刘时，终于在豳地定居下来。

公刘继承了后稷的事业，大力发展农业生产，并组织全族成员分成三批轮流服兵役，加强了军事力量，为周族的发展奠定了坚实的基础。

从公刘开始，又经过九代，古公亶父继位，成为周族的首领。古公亶父做事讲求德义，为人宽厚善良，得到了族人的一致拥护。在他的领导下，豳地呈现出一片安定繁荣的景象。

可是，当时在豳地附近还生活着戎狄等游牧民族，他们经常侵犯周族的领地。

古公亶父明白，戎狄的目的是占领豳地。周族上下也都非常愤怒，他们屡屡进言，请求古公亶父派兵打退这些游牧部落。

古公亶父对前来请战的人说："百姓拥立国君，是为了带给百姓好处。现在戎狄前来攻打，就是要占领我们的土地和百姓。民众

由我治理和由他们治理并没有什么不同，如果百姓为了接受我的治理而与戎狄开战，肯定会死伤很多人。这是我不愿意看到的。"

于是，他决定带着自己的家人离开豳地，向南迁徙。临行前，古公亶父对他的族人说："你们愿意和我一起南迁，我欢迎。不愿意的就留下来。"

豳地百姓素来信服古公亶父，不愿接受戎狄的统治，因此全都表示愿意跟古公亶父走。

南迁的那天，天空乌云密布，秋风掠过茂密的树林，发出呜咽般的悲鸣。

豳地的百姓成群结队、扶老携幼，带着农具和财物，跟随古公亶父离开了豳地。

经过太原时，古公亶父和族人登上高高的望乡台，遥望豳地，暗暗发誓，有朝一日一定要回来。

经过一路的艰辛跋涉，古公亶父率领他的族人渡过漆水，跨过梁山，来

到了周原。周原位于今天的关中平原西部，北倚巍峨的岐山，东临滚滚的渭水，水源丰富、土地肥沃、气候宜人，适于农耕和狩猎。于是，古公亶父决定在这里定居下来。

随后，古公亶父立即着手营建城邑、宗庙、住房，测定并划分好田地疆界，使大家安顿下来。为了加强管理，他又进一步建立了国家机构，设置司徒、司空、司马、司土、司寇五个官职，管理各项事务。

在古公亶父的治理下，周原地区的经济迅速发展，比之前的豳地更为繁荣。周原附近的一些部落得知古公亶父勤政爱民，也纷纷赶来投奔。周的国力更加强盛，为后来周的兴起与灭亡商朝奠定了基础。

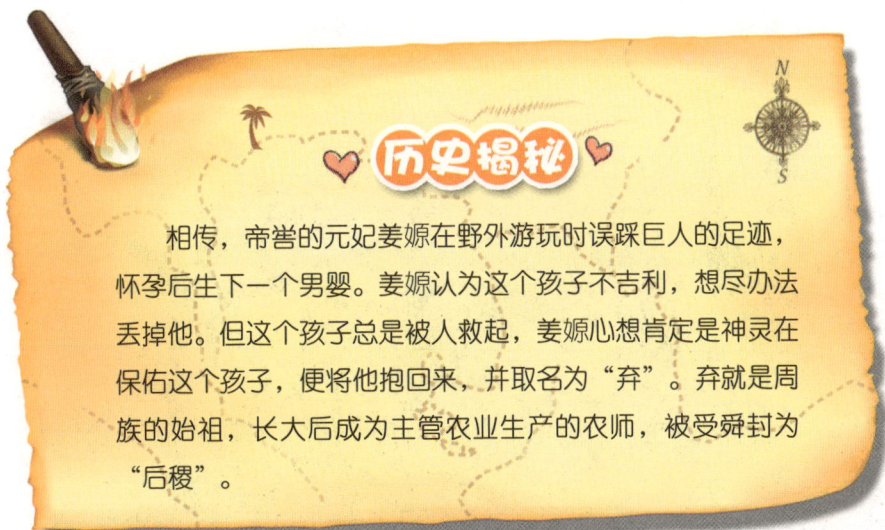

历史揭秘

相传，帝喾的元妃姜嫄在野外游玩时误踩巨人的足迹，怀孕后生下一个男婴。姜嫄认为这个孩子不吉利，想尽办法丢掉他。但这个孩子总是被人救起，姜嫄心想肯定是神灵在保佑这个孩子，便将他抱回来，并取名为"弃"。弃就是周族的始祖，长大后成为主管农业生产的农师，被受舜封为"后稷"。

太伯、虞仲奔吴

古公亶父有三个儿子，分别是长子太伯、次子虞仲、三子季历，他们都很贤能。古公亶父最宠爱幼子季历。

季历长大后，娶了挚重氏的女儿太任为妻。他们婚后不久就生下了儿子姬昌。姬昌自幼天资过人，并且品德高尚，深受祖父的喜爱。古公亶父经常对人说："将来能振兴我们周族的人，一定是姬昌啊！"

太伯、虞仲听了，知道古公亶父有意把王位传给姬昌。可按照

周族的传统，季历排行第三，继承王位的机会很小，姬昌作为他的儿子，就更没有机会继承王位了。

太伯、虞仲知道三弟聪颖贤良，完全有能力管理好周族。所以，为了不使父亲为难，并放心地将王位传给季历，两人决定放弃继承权。于是，他们趁古公亶父生病时，以外出为父采药为名，离开了周族。

两个人从岐山出发，一路长途跋涉，来到了长江下游以南的梅里（今江苏无锡附近），被当地人拥戴为首领，建国号"句吴"，即后来的吴国。

太伯、虞仲奔吴后，季历继承了王位，后来又传给了姬昌。周文王姬昌不负古公亶父的厚望，为振兴周族做出了巨大的贡献。姬昌的儿子武王即位后，正式册封太伯、虞仲的后人为吴国国君。

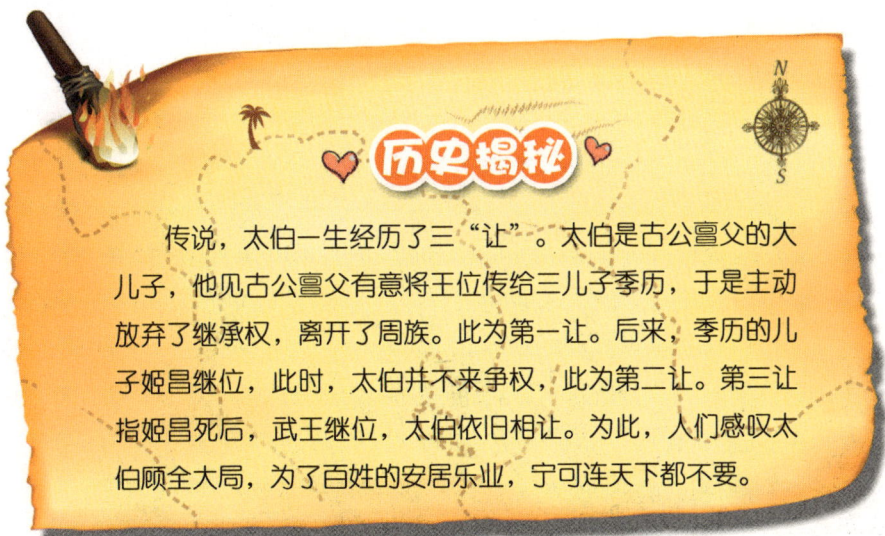

历史揭秘

传说，太伯一生经历了三"让"。太伯是古公亶父的大儿子，他见古公亶父有意将王位传给三儿子季历，于是主动放弃了继承权，离开了周族。此为第一让。后来，季历的儿子姬昌继位，此时，太伯并不来争权，此为第二让。第三让指姬昌死后，武王继位，太伯依旧相让。为此，人们感叹太伯顾全大局，为了百姓的安居乐业，宁可连天下都不要。

姬昌治岐

季历死后，其子姬昌即位为西伯，就是后来的周文王。姬昌即位后，遵守祖先留下的传统，重视发展农业生产，并且严格按照祖父、父亲订立的制度管理国家。他爱戴百姓、敬老扶幼，特别尊重贤才，有时为了接待贤士忙得都来不及吃饭。正是因为这样，在姬昌治理周的时候，各地有才能的人纷纷前来投奔。这些人中，不但包括来自遥远北方的伯夷、叔齐，还包括本来是商朝臣子的辛甲等人。他们来到周后，都受到了姬昌的热情接待，并得到重用，为周国的崛起做出了卓越的贡献。

姬昌生活勤俭，他和百姓穿一样的衣服，还经常到田间劳动。他兢兢业业地治理自己的国家，在他的治理下，周的国力日渐强大。姬昌的威望也越来越高，连诸侯间发生纠纷也来请他仲裁。

有一次，虞国（今山西平陆）和芮国（今山西芮城）发生纠纷，长期得不到解决。于是，两国便想请姬昌来评理。当两国的使臣进入周国境内时，发现周国民风非常淳朴，人们谦恭有礼、长幼有序。使臣们惭愧地说："我们争夺的，恰恰是周国人认为可耻的。我们怎么还去找西伯评理呢？这不是自取其辱吗？"于是，他们便掉头回去了。回去以后，两国派使者平心静气地坐下来商谈，问题很快就解决了。

后来，经过这些国家的传播，姬昌的威望更高了，拥戴他的诸侯也越来越多，周国的力量也越来越强大了。

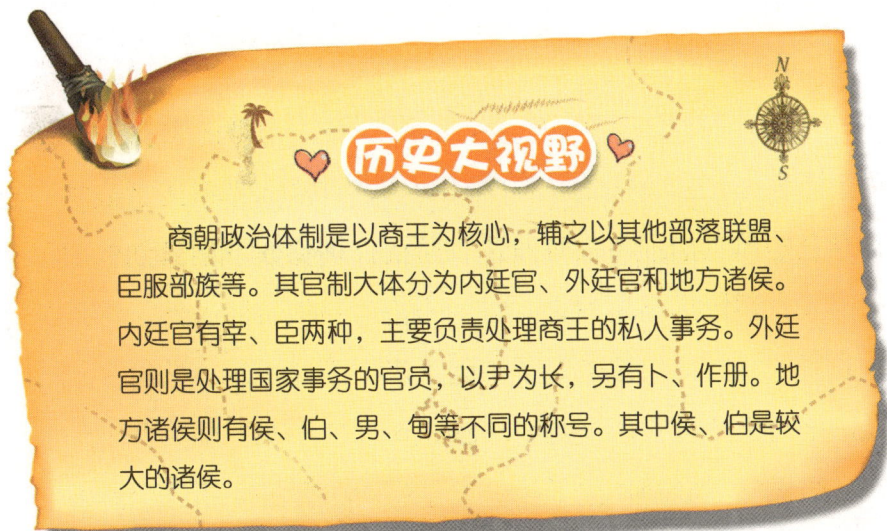

历史大视野

商朝政治体制是以商王为核心，辅之以其他部落联盟、臣服部族等。其官制大体分为内廷官、外廷官和地方诸侯。内廷官有宰、臣两种，主要负责处理商王的私人事务。外廷官则是处理国家事务的官员，以尹为长，另有卜、作册。地方诸侯则有侯、伯、男、甸等不同的称号。其中侯、伯是较大的诸侯。

西伯被囚

商王文丁在位时，商朝的实力已大不如前，而位于西方的周则日益强大。为此，文丁日夜不安，便将西伯季历骗至商都囚禁起来，不久又找了个借口将季历杀了。季历之子姬昌即位后，发誓要报杀父之仇，商周关系急剧恶化。商王文丁死后，其子帝乙即位。为了缓和双方关系，安抚姬昌，帝乙便将自己的妹妹嫁给了姬昌。周国当时的力量还不足以灭商，所以姬昌也就接受了帝乙的建议，举行了隆重的仪式，迎娶了帝乙的妹妹。这样，商朝和周国的矛盾暂时得到了缓和。

帝乙死后，他的儿子纣王即位。纣王刚愎自用，黩武嗜杀，根本不把那些诸侯放在眼里。为了清除异己，他动不动就找借口诛杀那些诸侯王公。诸侯们整日胆战心惊，许多人都萌生了去意。当时，周在姬昌的治理下兴旺发达，因此许多诸侯都投奔到他那里。纣王见此，对姬昌更是恨之入骨，一直想找机会除掉他。恰巧在此时，九侯的女儿（纣王的妃子）因不满纣王的荒淫，被纣王处死，九侯也被纣王杀害。鄂侯对纣王的做法非常不满，便为九侯辩解了几句，纣王恼羞成怒，又下令处死了鄂侯。西伯闻听这个消息，不禁暗自叹息。

不料，奸臣崇侯虎不知从哪里探听到西伯的不满，便面见纣王，挑唆道："姬昌行仁义而善计谋，得到了许多诸侯的拥护。有这样的人在大王身边，早晚会成为心腹大患。不如趁他还没有成事，早点儿干掉他！"崇侯虎的话正中纣王下怀。于是，他授意崇侯虎捏造了一个罪名，将姬昌抓了起来，囚禁在羑里（今河南汤阴北）的监狱里。

姬昌被囚的消息传到周国，周国的大臣们不禁大惊失色。他们唯恐"文丁杀季历"的事情重演，立即选取了数名美女和大批骏马、珍宝，派人送到商都，通过纣王的亲信大臣费仲，将这些进献给纣王。

果然，纣王见了这些美女、骏马和奇珍异宝，眉开眼笑地说："这里的一件物品就足以释放西伯，何况这么多呢！"于是，他立即下令释放了姬昌，并赐给他弓箭、斧钺等武器，授予他征伐其他诸侯的权力。纣王还悄悄地告诉姬昌："都是崇侯虎讲了你的坏话，我当初才将你囚禁了。"姬昌为了使纣王放心，回答道："父亲无道，做儿子的却不敢不服侍他。君主广施恩惠，臣子又岂能反叛君主呢？"

纣王听了满心欢喜，认为姬昌绝不会犯上作乱，彻底打消了对他的疑虑。

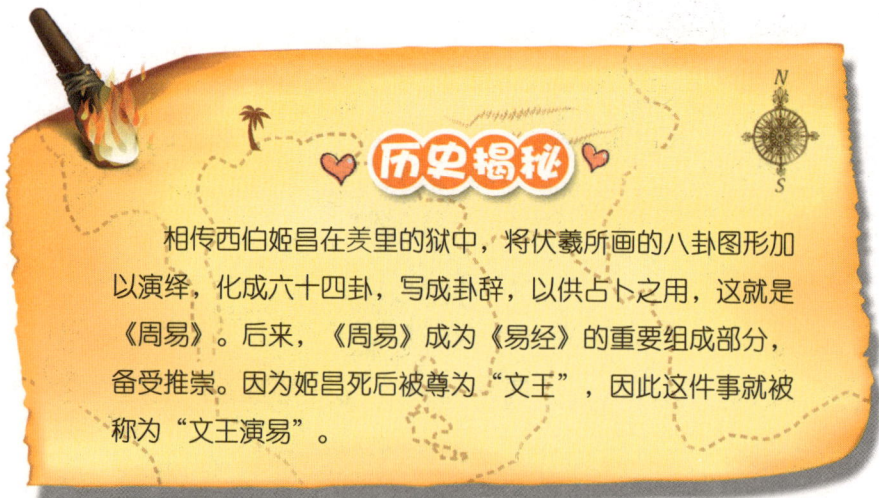

历史揭秘

相传西伯姬昌在羑里的狱中，将伏羲所画的八卦图形加以演绎，化成六十四卦，写成卦辞，以供占卜之用，这就是《周易》。后来，《周易》成为《易经》的重要组成部分，备受推崇。因为姬昌死后被尊为"文王"，因此这件事就被称为"文王演易"。

文王访姜尚

姬昌被放回西岐后，更加坚定了推翻商朝的想法。但当时，周国虽然人才济济，却还是缺少一个能够统领全局的人。因此，姬昌四处寻访，想找到这样一位贤人，帮自己筹划灭商的大计。可是，姬昌走了许多地方，还是没有找到称心如意的人。

有一次，姬昌想去渭水边狩猎。就在狩猎的前一天晚上，他忽然做了一个奇怪的梦，梦见一只长有翅膀的熊飞到自己的怀里，一下子就不见了。醒来后，姬昌觉得非常奇怪，心想："这预示着什么呢？"于是，他便命巫官为自己占卜。占卜完毕，巫官高兴地说："卦象显示这是大吉之兆啊！大王明天要去狩猎，今天就梦到飞熊入怀，相信大王此次出行一定能遇到所求之人。"姬昌听了非常高兴，立即下令启程。

果然，当一行人来到渭水北岸的时候，发现了一位奇怪的老人。他须发皆白，看上去已经七八十岁了，正端坐在水边钓鱼。他一边钓，一边不停地念叨："快上钩呀快上钩，愿意上钩的快上钩！"再一看，老人的鱼钩离水面竟然有三尺高，并且是直的，上面什么也没有！姬昌纳闷极了，便走上去和他攀谈起来。

老人自称姓姜，名尚，东海人。经过一番详谈，姬昌发现姜尚

不仅上通天文、下知地理，而且对政治、军事各个方面都有研究，特别是对当前的政治形势分析得头头是道。姬昌不禁大喜，说道："我的祖先太公（古公亶父）曾经说过：'有圣人来周国辅佐，周国就会强盛起来。'您应该就是那位圣人，我的太公已经盼您盼了好久了。"于是，姬昌立即请姜尚一起回到西岐，并任命他为主管军事的军师。

　　姜尚果然是个栋梁之材，他帮助姬昌整顿政治和军事，对内发展生产，使人民安居乐业；对外征服各部族，开拓疆土。到姬昌去世前，周国已经控制了当时天下的三分之二，为灭商奠定了基础。可是，周文王没有来得及实现灭亡商朝的愿望就死去了。他的儿子姬发继承了王位，就是周武王。周武王继承父亲的遗志，尊称姜尚为"师尚父"，并在其辅佐下，终于灭亡了殷商。

孟津之会

西伯姬昌晚年，为了更好地为征伐商纣做准备，便将国都从偏远的岐地迁到了丰饶的渭水，并在渭水之南的丰水西岸建造了新的都城——丰邑。然而，在迁都丰邑的第二年，西伯姬昌就因病去世了。他的儿子姬发即位为西伯，是为武王。周武王在姜尚、周公旦、召公奭等大臣的辅佐下，继承姬昌的遗志，积极为伐商做着准备。

为了占据更好的地利，周武王还把都城从丰邑迁到了镐（今陕西西安）。

当时，商朝在政治上已经十分腐败，但在军事上却仍有较强的实力。于是，大约在周武王九年，周武王为了证实自己的实力，同时也为了考验追随周的各诸侯国的忠诚程度，决定率军东进，在孟津（今河南孟津东，孟州西南）举行一次大规模的军事检阅。

临行前，周武王命人准备了一辆供奉着周文王牌位的车，随军一同前往。然后，武王以太子的名义，通告司马、司空、司徒及各

部主官，说是奉文王之命进行讨伐。接着，姜尚向全军庄严宣布：
"大军立即乘船启程，违令迟到者斩首！"随后，武王率先上船，
横渡黄河，向孟津进发。

　　船队行到黄河中流时，一条巨大的白鱼突然跃出水面，落在武
王的船上。全军上下都认为这是一个好兆头，于是讨伐商纣的信心
更足了。

　　等武王一行到达孟津时，各路诸侯早已得到消息，在那里恭
候多时了。据说，当时，赶来孟津准备参与伐纣的各路诸侯竟然有
八百多家。可见武王号召力之强，也说明纣王已经众叛亲离。

在孟津大会上，各路诸侯纷纷发言，希望能够马上出兵
伐纣。武王却认为，时机还未成熟，因为商王室的影响
还在，军事力量也不容轻视，决定继续积蓄力量以等
待最佳时机。孟津大会之后，武王立即率兵
返回镐京。

但是，这次大会已经使各路诸侯
及商王室见识到了周的力量。因此，
不久之后，当武王真的决定发兵伐纣
时，各路诸侯立即积极响应。在他们
的配合下，武王一鼓作气，一举灭亡
了商朝。

历史揭秘

"孟津演兵"的消息传到商都，商朝文武官员无不大惊
失色。他们害怕武王真的会向殷商进攻，因此密谋采取先发
制人之术，灭掉周。随后，众大臣冒死上谏纣王，请求他出
兵。可是，纣王根本不相信武王有如此大的胆子。特别是武
王返回后，纣王更是扬扬自得，认为武王是因为惧怕才回去
的。对于众臣的上谏，他不但没有当一回事，反倒迁怒于他
们，说他们妖言惑众，动摇民心，下令惩罚了一大批谏臣。
自此，商的统治更加昏庸了。

武王伐纣

孟津之会两年后，帝辛的统治更加昏庸残暴。王叔比干、箕子忠言进谏，却一个被杀，一个被囚。太师疵、少师彊干脆抱着商朝的宗庙祭器投奔了周国。

帝辛众叛亲离的消息传到周国，武王和姜尚研究后，认为灭商的时机已经成熟。于是，他们果断决定，立即出兵伐商。周武王先向各地诸侯发出通告，请求大家一起发兵，征讨商纣。

然后，武王调发战车三百乘，近卫军三千人，战士四万五千人，浩浩荡荡地向东进发。当大军在孟津渡口渡过黄河时，前来会合的诸侯达到了几百家。

帝辛这才感到大祸临头，急忙调动驻守在东夷的商军主力赶回帝都救援，可是，远水救不了近火。无奈之下，帝辛只好就近强征兵力，连奴隶和俘虏也被编入军队，最后凑了大约十七万人，由帝辛亲自率领，前去迎战周国大军。

这天凌晨，双方在距离朝歌七十里的牧野相遇，进行了最后的决战。决战前，周武王在战地誓师大会上进行了战前动员，这就是著名的《牧誓》。

武王左手持黄色铜斧，右手高举指挥用的白色旗子，对将士们

说："俗语说，母鸡报晓，是家中的不幸。现在纣王只听信妇人之言，连祖宗的祭祀也废弃了。他不任用自己的王族兄弟，却让逃亡的奴隶担任要职，让他们去危害贵族，扰乱商国。今天，我姬发是执行上天的惩罚！战士们，勇敢战斗吧！"

在武王的鼓励下，周军将士士气大振，风一样冲向商军。冲在最前面的是姜尚率领的由百夫长组成的突击队，他们每个人都勇猛异常，所到之处，商军大败。

紧跟着突击队的是武王亲率的主力大军，商军虽然人数众多，

但面对这些勇猛的周军，完全丧失了斗志，迅速溃败下去。那些被迫冲在最前面的奴隶、俘虏甚至倒戈相向，掉转矛头，引导周军向前进攻。

武王趁势发动全线进攻，商军节节败退，最后纷纷扔下武器投降。

帝辛狼狈地逃回了朝歌，他见周围全是周国的军队，知道大势已去。于是，他爬上鹿台，穿上缀满玉石的宝衣，点燃了堆在身边的柴禾，自焚而死。在熊熊的烈火中，前后存在了近六百年的商王朝走到了尽头。

历史揭秘

据记载，牧野之战中，商军大败，死伤无数，以至于"血流漂杵，赤地千里"，可见这场战争的惨烈程度。但对于这种说法，好多人并不相信。大思想家孟子也表示质疑，他说："仁者无敌于天下。凭武王那样最仁义的人去讨伐商纣那样最不仁义的人，怎么会血流满地，以至于长杆兵器都漂浮起来了呢？"

分封诸侯

周武王灭掉商朝后，建立了周朝，史称"西周"。为了加强对各地的统治，周武王将中央王畿以外的地区分封给周王室的成员和各位功臣，建立起一批诸侯国。这些诸侯分为公、侯、伯、子、男五等，在各自的封地里是世袭国君。他们对周王负有朝贡以及执行周王命令、保卫王室统治的义务。出于政治上的考虑，历朝的后裔，包括刚刚被推翻的商朝的后裔也被封为诸侯。

在这些诸侯里面，功劳最大的姜尚被封在营丘（今山东淄博市临淄北），建立齐国，为齐国国君。姜尚尊重当地习俗，简化礼仪制度，大力发展工商业，开发海边渔盐资源。因此，齐国很快就成为当时最强大的诸侯国。另一位功臣周公旦被封在曲阜，建立鲁国，为鲁国国君。周武王死后，周公旦继续辅佐他的儿子周成王，为周朝立下了不朽的功勋。

同时，成王还特别规定，鲁国有资格祭祀周文王。因此，鲁国具有全套天子礼乐设备，并在祭祀时使用天子礼乐。这样，周朝的礼乐制度得以完整地在鲁国保存下来，这对以后鲁国文化思想与教育的发展产生了重大的影响。

另外，召公奭被封于燕、康叔被封于卫、唐叔被封于晋、微子被封于宋、神农氏之后在焦、黄帝之后在祝、帝尧之后在蓟……就这样，整个西周王朝形成了一个以天子为中心、各路诸侯为辅助的强大而完善的制度体系，对巩固和稳定周王室的统治起到了重要的作用。

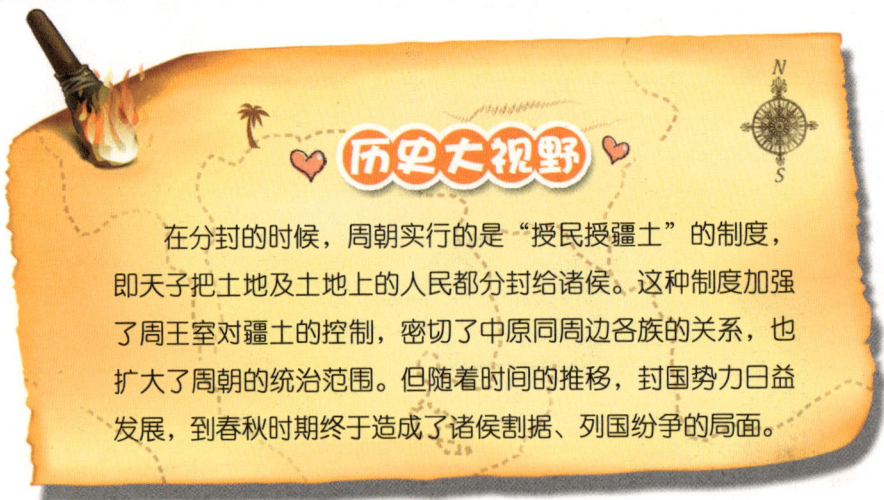

历史大视野

在分封的时候，周朝实行的是"授民授疆土"的制度，即天子把土地及土地上的人民都分封给诸侯。这种制度加强了周王室对疆土的控制，密切了中原同周边各族的关系，也扩大了周朝的统治范围。但随着时间的推移，封国势力日益发展，到春秋时期终于造成了诸侯割据、列国纷争的局面。

伯夷、叔齐不食周粟

伯夷、叔齐是孤竹国国君的儿子。孤竹国国君非常宠爱次子叔齐，因此临终前决定由叔齐继承王位。叔齐却认为，王位应当由长子继承。因此，等到父亲死后，叔齐又将王位让给了自己的长兄伯夷。可是，伯夷坚决不接受王位，他说："这是父亲的意思，父命不可违。"就这样，兄弟俩相互推辞，谁也不肯继承王位，竟然先后出逃了。

兄弟二人听说西伯姬昌待人宽厚，便决定去投奔他。可等他们到达的时候，西伯姬昌已经死了。但武王还是收留了他们。

后来，武王率军伐纣时，伯夷、叔齐认为这种行为是犯上作乱，不合礼法。于是，他俩来到武王面前劝阻道："自古圣贤以五伦为重。如今，西伯刚刚去世，你就动起干戈，这能说得上是孝吗？以臣子身份去征伐国君，能说得上是忠吗？"

然而，武王伐纣的决心已定，没有听从他们的劝谏，毅然决定发兵。后来，商朝灭亡的消息传来，兄弟俩为了表示抗议，就隐居到首阳山，坚决不吃周朝的粮食，仅靠采集薇蕨充饥，不久便饿死了。

历史大视野

粟，又称谷子、小米，它不仅营养价值很高，还有去热利便的功效。在世界上，粟这种粮食作物有七十多个国家种植。我国种植粟的历史可以追溯至六七千年前。在甲骨文中，"禾"指的就是粟。而不少诗人在佳作中也经常提到粟，最为著名的就是《悯农》一诗，其中写道："春种一粒粟，秋收万颗子。"

周公辅政

周武王灭掉商朝，建立周朝后不久，就得了重病。在临终前，武王托付弟弟周公旦辅助十三岁的儿子治理国家。武王驾崩后，他的儿子姬诵继承王位，是为周成王。

周公姬旦为人忠厚，有智谋，善武略，对治理国家也有深刻的见解。武王在世时，周公就殚精竭虑辅佐哥哥，为周朝的建立做出了巨大的贡献。据说，成王即位后不久患了重病，于是，周公先来到祖庙祈祷。之后，他拿出一把剪刀，剪下自己的指甲，扔到河里，祷告说："帝王年少不懂事，冒犯神明的是我，请把你们的怒火都燃到我的身上吧，不要去找小孩子的麻烦。"果然，祷告后不久，成王的病就好了。

自从担起辅佐的重任，周公更是殚精竭虑。无论在做什么，只要一有公事，他就马上停下来，先处理政务。传说，一次，周公正在洗头发，有一位贤士来求见，周公马上握着湿淋淋的头发去见客人。这位客人刚刚走，另一位客人又来拜访。就这样，洗一次头，他竟然停下来

三次。还有一次，周公正在吃饭。这时忽然有人求见，他来不及把嘴里的饭菜咽下去，就赶紧吐出来，去接见那些求见的人。这就是成语"周公吐哺"的来历。

为了巩固周朝的统治，防止周成王懈怠政事，并使百姓得到最大利益，周公还作了《立政》等文。另外，他还制定了《周礼》，规定了起坐卧行和男女尊卑等制度，使之成为后世礼仪的典范。

周公勤勤恳恳地辅助成王，处理国事，却引起了管叔、蔡叔等其他王室成员的怀疑。他们散布谣言，说周公想要夺权篡位。时间一长，连和周公一起辅政的召公也对他产生了怀疑。

为了澄清自己，周公找到召公和太公望（姜尚），十分诚恳地对他们说："我之所以代行权力而不避嫌，是担心自太王、文王以来创立的基业会动摇。武王去得早，成王又年幼，我们必须担起巩固王朝的大任啊！"听了这些话，召公、太公等人都打消了对周公的怀疑。

周公就这样尽心尽力地辅政七年，在成王二十岁的时候，周公将权力全部移交给他，自己回到了封地鲁。周公死后，成王认为，他是自己的叔父，又功劳卓著，于是下令将他安葬在文王陵墓所在的毕原（今陕西咸阳、西安附近的渭水南北岸一带），借此表达对他的尊崇与敬重。

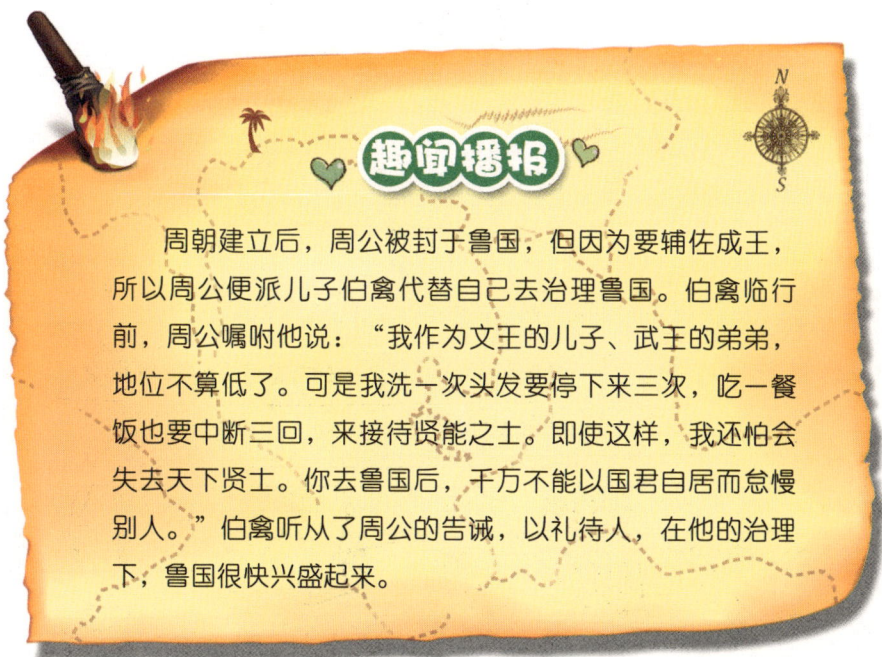

趣闻播报

周朝建立后，周公被封于鲁国，但因为要辅佐成王，所以周公便派儿子伯禽代替自己去治理鲁国。伯禽临行前，周公嘱咐他说："我作为文王的儿子、武王的弟弟，地位不算低了。可是我洗一次头发要停下来三次，吃一餐饭也要中断三回，来接待贤能之士。即使这样，我还怕会失去天下贤士。你去鲁国后，千万不能以国君自居而怠慢别人。"伯禽听从了周公的告诫，以礼待人，在他的治理下，鲁国很快兴盛起来。

三监之乱

周武王灭掉商朝以后，为了稳定局面，他并没有杀死纣王的儿子武庚，而是封他为殷侯，仍旧让他管理殷都朝歌的政务。为了协助武庚治理殷民，也为了监视武庚，防止他作乱，武王又把自己的三个弟弟姬鲜、姬度和姬处封在了殷都的周围。因为姬鲜三人的封国分别位于管、蔡和霍，所以人们便称他们为管叔、蔡叔和霍叔，合称"三监"。

不久，武王去世。因为继位的成王年幼，为了稳定刚刚建立起来的西周王朝，武王的弟弟周公姬旦毅然决定代替成王行使权力，治理天下。

可是，周公的这一举动引起了管叔、蔡叔等人的不满。他们到处散播谣言，说周公有夺权篡位之意。谣言传到镐京后，成王也起了疑心。

为了避免成王对自己的猜忌加深，周公就离开了都城镐京，来到了洛邑。

武庚见姬氏兄弟之间发生了矛盾，大喜过望。于是，他立即派人和管叔、蔡叔等人联络，想乘此机会推翻周王朝，以恢复商朝的统治。

东夷等部落听说后，也趁机起兵，发动叛乱。刚刚建立不久的周王朝面临着严重的危机。

周公探查到武庚和管叔等人暗中勾结的情况，心中大惊。他立即写了一首诗派人送给成王，诗的名字叫《鸱鸮》，诗是这样的意思："猫头鹰啊猫头鹰！你已经抢走了我的孩子，不要再毁坏我的家。我这么辛苦殷勤呀，为哺育儿女已经完全累垮！趁着天还没有下雨，我就忙着把桑根剥下，加紧修补好门窗。因为下面的人呀，有时还会把我欺吓！"

这首诗以母鸟的口吻，写出了周公对国事的关切和忧虑。成王

看到这首诗后，深受感动。

成王左思右想，确信周公并不会夺取自己的王位，于是立即派人将周公请回镐京，任命他为统帅，领兵讨伐武庚。于是，周公以成王的名义，亲自率领大军东征。

当时，叛军虽然气势汹汹，但是因为政治、民族等复杂关系，内部并不统一。因此，周公决定采取集中兵力各个攻破的战术。他先派重兵沿着当年武王伐纣的路线，直取朝歌，一举击败殷商旧部，杀死了武庚。

紧接着，周公又率军继续东征，很快就攻占了"三监"的辖地。此时，管叔见大势已去，自杀身亡；霍叔被贬为庶民；蔡叔则被流放到边境。

随后，周公又乘胜追击，消灭了参加叛乱的淮夷、蒲姑、徐等敌对势力，将周朝的统治范围进一步扩大。周王朝推翻商王朝的斗争，直到此时才以周王朝的彻底胜利而宣告结束。

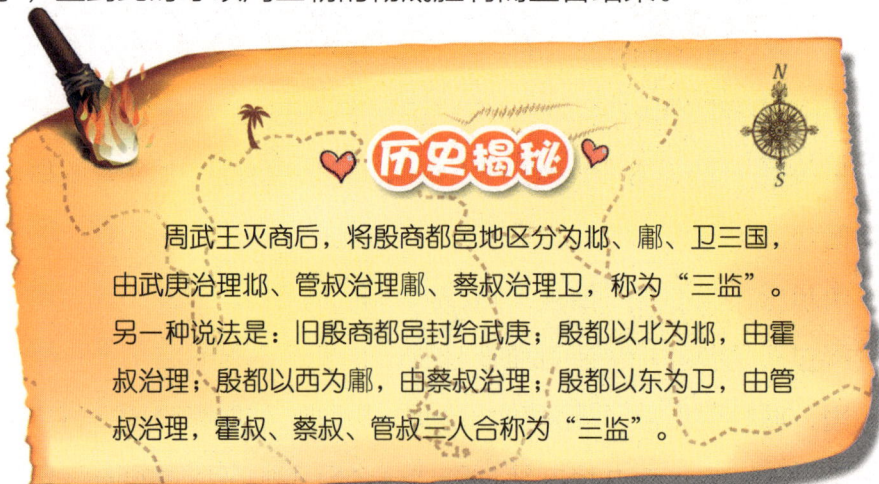

历史揭秘

周武王灭商后，将殷商都邑地区分为邶、鄘、卫三国，由武庚治理邶、管叔治理鄘、蔡叔治理卫，称为"三监"。另一种说法是：旧殷商都邑封给武庚；殷都以北为邶，由霍叔治理；殷都以西为鄘，由蔡叔治理；殷都以东为卫，由管叔治理，霍叔、蔡叔、管叔三人合称为"三监"。

营建东都

周武王灭商回到都城镐京后，日夜思虑如何巩固新王朝的统治，不再重蹈殷商覆灭的覆辙。经过深思熟虑，武王决定在东方营建新都，加强对殷商旧地及东方诸侯方国的控制。经过多次勘察和商讨，武王将新都的地点选在黄河以南的伊水与洛水交汇处的一处平原。这里南面有山川阻挡，北面是滔滔的黄河，地理位置非常好。可惜，还没来得及营建新都，武王就去世了。

周公东征后，为了稳定东方的局势，巩固新占领的大半部分江山，营建东都便成了刻不容缓的事情。

周成王七年，成王从镐京步行到丰邑，祭告了文王庙，决心继承武王遗志，营建东都。随后，他又派召公到新都之地勘察了地形。一个月后，周公亲自赶到洛地，指挥营建东都的工程。

按照规划，新都分为两部分。东边称为"成周"，在洛水与伊水交汇处。西部称为"王城"，在洛水与涧水交汇处。两城之间隔着一条瀍水，统称为"洛邑"。

经过三年的营造，新都终于建成了。整座都城呈方形，每条边长九里，城垣高七丈，四角高出两丈，以利于防卫和瞭望。城内道路采用经纬制，共有九经九纬，形成一个巨大的棋盘式的道路网。

新都的中心是宫城，为周王和公卿高官处理朝政和生活起居的场所。宫城南面是外朝，供举行各种典礼之用。宫城的东南面是宗庙，用来祭祀先祖；西南面是祭坛，祭祀土神和谷神。新都的商业区位于宫城的北面，称为"市"。与商业区毗邻的是仓廪区，用于储藏粮食和物资。除上述区域外，其他地方都属于居民住宅区。

成王还把镐京至洛邑的大批土地划为"王畿"，即周王的直辖地。王畿占有了当时"天下"的中心地区，交通方便，大大加强了周朝与各诸侯国的联系，巩固了周王朝的统治。

随后，成王自镐京移居洛邑，同时，象征国家社稷的九鼎也随他一起迁入洛邑。经过数年的经营，洛邑逐渐成为全国经济和礼仪祭祀中心。从此，周朝就有了两座都城，西部是镐京，东部为洛邑。作为中国历代建都史上的一大创举，周朝的二都制直到隋唐时代仍为统治者所效法。

成康之治

东都建成后不久，周公还政于成王。成王继承了文王和武王的功业，勤政爱民。在他的治理下，社会安定，人民安居乐业。为了教化人民，成王还命周公制礼作乐，使王朝各种典章制度得以创立和推行。成王还大规模实行分封制，把与周王朝有宗法血缘关系的贵族封为各地诸侯，建立起由周天子统辖的各级地方行政系统。

从此，周王朝国势日渐强盛，军事力量也越来越强大。丰镐（丰京、镐京）地区驻有六个师，洛邑地区驻有八个师，保证了两都的稳定。成王还多次命大军征伐淮夷、东夷等地，加强了对这些地区的控制。

同时，周公还制定了《周官》，健全了周朝的官吏任职制度。因此，在成王统治时期，整个周王朝政局稳定，社会安定，人民生活水平大为提高，经济得到了长足发展。

成王四十三岁时，因日夜操劳，一病不起。他担心儿子姬钊不能胜任国事，于是特意叮嘱召公、毕公等全力辅佐。不久，成王病死，太子姬钊即位，他就是周康王。

康王即位后不久，召公、毕公率领众诸侯陪同他一起来到祖庙，向他讲述了文王、武王创业的艰辛，教导他要节俭寡欲、勤于

政事，守住祖先的祖业。康王连连点头，表示一定会遵守祖先的制度，治理好国家。

果然，在召公、毕公等大臣的辅佐下，即位后的康王兢兢业业，丝毫不敢怠慢国事。周朝的国力得到了进一步加强，政治清明，国盛民昌，人民奉公守法、安居乐业。

据说，在成王、康王统治的四十多年间，几乎没有人犯法，以至于那些制定的刑罚根本没有机会使用。周王朝进入了典型的治世，史称"成康之治"。

昭王南巡

周康王在位二十年后去世，其子姬瑕即位，是为周昭王。**当时，位于长江中下游地区的楚国开始强大起来，对周天子的统治权威形成了严重威胁。**

为了打击楚国的力量，重树周天子的威信，周昭王对楚国发动了多次攻伐。

其中最后一次大规模的南征，发生在周昭王十九年。

这一次，昭王亲自率领着周朝大军，南下攻楚。大军到达汉水时，昭王征集了一批渡船，以供渡河之用。

谁知，当行至汉水中央时，船突然间全都散了架！

昭王以及随征的将士被这突发的一幕吓得惊慌失措，最后，全都落入了水中。

原来，这是楚人的一个计谋。这些船都是用胶黏合起来的，一旦遇到水，胶就溶化了，整条大船也随之解体，变成一块块木板。

由于周昭王不会游泳，掉进水中之后当即就被淹死了。而被淹死的兵士更是数不胜数。在楚军的大力打击下，这一次南征的周朝军队几乎全军覆没。

为了维持天子的威仪，周王朝没有公布昭王死于汉水的真相，只是对外宣称，他到南方巡察，没有回来；接着，另立他的儿子姬满为王，即周穆王。

从这一次对战可以看出，楚国的实力已经强大到可以与周王朝相抗衡。而南征的失败，是周王朝由盛转衰的转折点。自此之后，周王朝的势力走向衰落。

穆王西征

西周时期，随着政治中心的东移，周朝对于镐京以西、以北地区的顾及较少。因此，当地的戎族（也称犬戎）借机发展，势力不断壮大，逐渐威胁到周王朝的安全。为了征服戎族，也为了找回昭王南巡失败的面子，重塑周王朝的威信，周穆王决定亲率大军征伐戎族，用武力使他们臣服。

听说穆王想要西征，大臣祭公、谋父前来劝谏，力陈不能攻打犬戎的理由。

祭公说道："大王不能去攻打犬戎啊！先王从来都是强调要以德义服人，而不是以暴力压服人。再者说，按照先王定下的制度，王畿之内是甸服，要每日贡祭；王畿之外是侯服，每月贡祭一次；

侯界以外是宾服，每季贡祭一次；落后的蛮夷地区是要服，每年贡祭一次；远方的戎狄地区是荒服，只要承认周天子就行了。现在，戎族不仅承认周朝，有时还会贡献一些地方物资。如果现在去攻打它，就是违背了先王德义治国的教导啊！"

穆王主意已定，根本听不进祭公的劝告，执意发兵攻打戎族。面对强大的周军，戎族节节败退。穆王乘胜追击，一直攻打到太原（今甘肃平凉一带），俘虏了戎族的五个部落首领，还获得了四只罕见的白狼、白鹿。

然而，从此以后，属于荒服的各个边远族群，再也不向周王朝贡祭了，断绝了与周王朝的一切关系。

再以后，随着周王朝的衰落，戎族等部落的势力又进一步抬头，一再南下侵扰，甚至将触角伸到了周王畿的附近，成为周王朝的心腹大患。

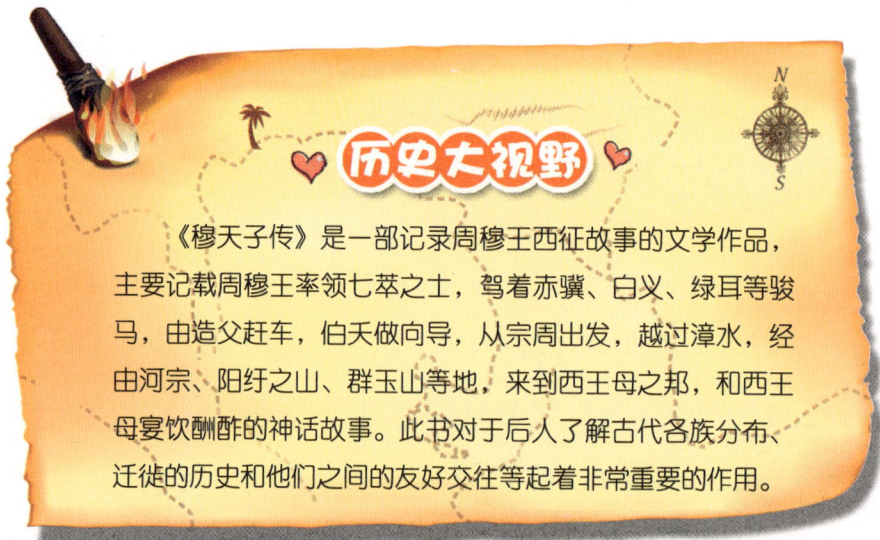

历史大视野

《穆天子传》是一部记录周穆王西征故事的文学作品，主要记载周穆王率领七萃之士，驾着赤骥、白义、绿耳等骏马，由造父赶车，伯夭做向导，从宗周出发，越过漳水，经由河宗、阳纡之山、群玉山等地，来到西王母之邦，和西王母宴饮酬酢的神话故事。此书对于后人了解古代各族分布、迁徙的历史和他们之间的友好交往等起着非常重要的作用。

国人暴动

周朝传到第十代国君周厉王的时候，内部各诸侯国之间纷争不断，给周王室的贡赋日益减少，再加上常常有外族入侵，使周王朝的国库日益空虚，国势日渐衰落。

为了解决王室的财政危机，维持自己奢靡的生活，周厉王在一个名叫荣夷公的大臣的鼓动下，实行"专利"，霸占了一切湖泊、河流和山林。谁要是到湖里捕鱼或是到山上砍柴、打猎、采药，都要缴纳相应的税金。后来，甚至连喝水、走路都要交税。一时间，百姓怨声载道，纷纷痛骂周厉王。

召穆公听到人们的议论越来越多，便进宫面见厉王道："百姓都忍受不了了，大王如果不趁早改变做法，肯定会出乱子的。"

厉王听了满不在乎地说："你不用着急，我自有办法应付。"于是，他下了一道命令，禁止百姓议论朝政，还从卫国找来一个巫师，要他专门刺探批评朝政的人。卫巫为了讨好厉王，派了一批人到处察听，谁不服他们，就上告厉王，抓起来处死。这样一来，人们真的不敢在公开场合议论朝政了。即使在路上遇到，也不敢交谈，只是交换一个眼神，就匆匆走开。

厉王得意地对召穆公说："你看，这下不是没人议论了吗？"

召穆公叹了一口气，说："堵住人的嘴，不让人说话，比堵住河流还要危险哪！治水必须疏通河道，让水流到大海；治理国家也是一样。硬堵住河流，就要决口；硬堵住人的嘴，就要闯大祸呀！"可厉王只是撇撇嘴，便不再理他了。召穆公只好退了出去。

就这样过了三年，周厉王三十七年（公元前841年），镐京的百姓终于忍无可忍，举行了一次大规模的暴动。起义的百姓冲向王宫，叫嚷着要杀掉厉王。厉王得到风声，慌忙带了一批人逃出王宫，一直逃过黄河，来到彘(今山西霍县东北)这个地方才停了下来。后来，厉王再也不敢回镐京了，最后病死在彘。

百姓冲进王宫，追杀太子静。静逃进召穆公家里躲了起来。愤怒的百姓围住召穆公的家，要他交出太子。召穆公无奈，只好将自己的儿子冒充太子交给百姓，才算保住了太子。

共和行政

国人暴动发生后，在周定公、召穆公等人的极力安抚下，都城中的百姓终于平息了下来，纷纷离去。

可是，厉王出逃，太子静一时之间也没有办法用公开的身份继承周王之位，王位出现了空缺。

国不可一日无君，大臣们商量了好久，最后决定先由召穆公与周定公代替周天子行使职权，等事态平息了再做打算。随即，周定公和召穆公宣布共同执政，并将年号改为共和元年，史称"共和行政"。

再说周厉王，他逃到彘地后，派臣子凡伯到镐京探听消息。

凡伯见暴动已经平息，就和周定公、召穆公商议，准备接厉王回都复位。

但是，百姓对周厉王非常憎恨，坚决不允许他回来。

周定公、召穆公怕再次触怒百姓，激起暴动，只好打消了这个念头。

凡伯回到彘地后，向厉王奏明了事情的经过。厉王听了，也是无可奈何，最后只好在彘地定居了下来。

共和十四年，周厉王死于彘地。此时，镐京的百姓已经平静下来。于是，召穆公宣布，太子静仍然健在，并与周定公共同拥立太子静为王。太子静即位，他就是周宣王。自此，"共和行政"结束。

历史大视野

周朝史分西周与东周，前后三十四个王即位，前后延续了近八百年。周朝的统治区域包括了今黄河流域、长江流域，以及华北大部分地区和东北的部分地区。西周时期，农业与手工业很发达，青铜器的冶炼水平也达到了很高的水平。到了东周时期，农业生产已开始广泛使用铁制器具，并用牛来耕地，商业也有了较大的发展。

宣王中兴

周宣王亲身经历了国人暴动，因而吸取教训，在召穆公、周定公等人的辅佐下，努力效仿文王、武王的作风，整顿内政，勤政爱民，周王朝的威望又开始提高。

但是，在边境地区，犬戎等游牧民族还不时入侵，社会仍然处在动荡之中。为了安定社会秩序，周宣王决定发兵讨伐这些地区。

宣王首先任命太师尹吉甫为统帅，率大军奔赴西北边境，解除犬戎的威胁。

大军一路急行，一直打到太原（今甘肃平凉一带），大败犬戎。随后，宣王又命大臣南仲领兵北上，在北方修筑城垒，以阻挡犬戎南下。

北方边境安定后，周宣王又任命大臣方叔为统帅，对南方荆楚地区进行征伐，将那里的反抗势力全部消灭。

为了确保这些地区的稳定，周宣王又把西部地区的一部分民众东迁到了谢（今河南南阳），建立

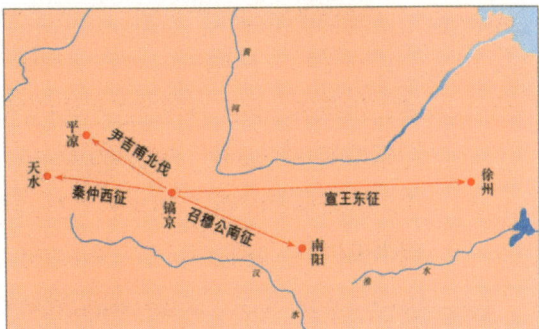

了申国。周宣王要将申国作为洛邑南面的屏障及南下荆楚地区的前进基地。

就这样，经过数年征战，周王朝重新平定了许多地区，社会趋于稳定，出现了中兴的局面，史称"宣王中兴"。

可是，连年征战也消耗了周王朝的实力。周宣王末年，在与姜氏之戎的决战中，周军大败，从南方调来参战的"南国之师"全军覆没，周王朝兵力、财力损失巨大。

为了弥补损失，周宣王决定"料民于太原"，即调查核实户口，以便征收军赋、田赋和兵役。

这一举动遭到了民众的普遍反对，加剧了社会矛盾，周王朝又陷入危机之中。

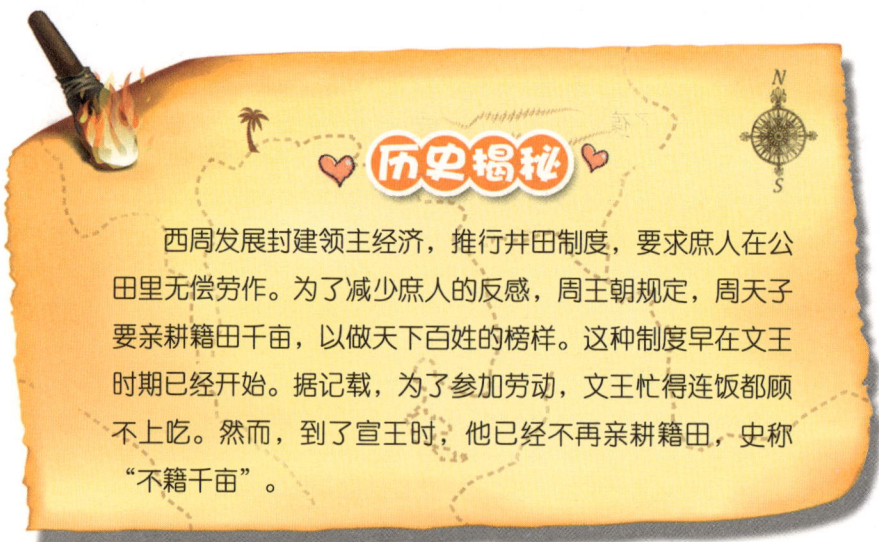

历史揭秘

西周发展封建领主经济，推行井田制度，要求庶人在公田里无偿劳作。为了减少庶人的反感，周王朝规定，周天子要亲耕籍田千亩，以做天下百姓的榜样。这种制度早在文王时期已经开始。据记载，为了参加劳动，文王忙得连饭都顾不上吃。然而，到了宣王时，他已经不再亲耕籍田，史称"不籍千亩"。

烽火戏诸侯

周宣王死后，他的儿子宫湦继承了王位，是为周幽王。当时，由于连年征战，周王朝的国力已日渐衰落。面对这种情况，昏庸的周幽王不但不思考如何挽救周王朝于危亡，反倒重用佞臣，变本加厉地盘剥百姓。

一位名叫褒珦的大臣看不下去了，他力谏幽王，劝他奋发图强。周幽王大怒，命人把褒珦关了起来。

褒珦在监狱里被关押了三年。他的家人想尽办法，想把他救出来。他们听说周幽王好色，便千方百计找到一个美女，取名褒姒，将她献给了幽王。

果然，幽王见了褒姒，非常喜爱，立即释放了褒珦。褒姒虽然生得美丽异常，却冷若冰霜，从来不笑。幽王为了博得褒姒一笑，便悬赏求计，宣布谁能引得褒姒一笑，就赏他黄金千两。这时，有个叫虢石父的佞臣，提议幽王用烽火台一试。

烽火台本是用来传递紧急军情的通信设施，一旦有敌人来犯，守卫就会立即点燃烽火台上的烽火。临近的诸侯见了烽火，便会发兵前来援助。

周幽王带着褒姒一登上骊山烽火台，就下达命令，让守兵

点燃烽火。

这时，有个叫作郑伯友的大臣劝阻道："烽火台是战时救急用的。大王现在戏弄诸侯，必将失信于他们。如果真的有了战事，他们不再派兵前来，那该如何是好？"可是，周幽王根本听不进郑伯友的劝告，执意点燃了烽火。一时间，浓烟滚滚。

各地诸侯一见警报，以为敌军打来了，马上带领本部兵马赶来救驾。可到了骊山脚下，连一个敌军也没看到，只听到山上传来一阵阵乐曲之声。

这时，周幽王派人告诉他们："辛苦大家了，这里没什么事，

不过是放烽火取乐。"诸侯们这才知道自己被戏弄了，都怒气冲冲地回去了。

褒姒见千军万马招之即来，挥之即去，觉得十分好玩，禁不住嫣然一笑。幽王大喜，立即赏了虢石父千两黄金。

从此以后，只要褒姒不高兴，周幽王就命人点燃烽火。为了讨得褒姒的欢心，周幽王还废掉了王后申氏和太子宜臼，改立褒姒为王后，立褒姒的儿子伯服为太子。为了永绝后患，周幽王又派兵进攻申国，追杀投奔申侯的太子宜臼。看到这种情况，申侯忍无可忍，他联合了缯国、犬戎，进攻镐京。

周幽王听到这个消息，惊慌失措，急忙命令点燃烽火。可漫天的烽火再也召不来一支救兵，幽王带着褒姒和伯服仓皇逃出宫门，向东逃去。他们刚到骊山脚下，就被随后而来的犬戎追兵赶上了。幽王和伯服被杀，褒姒也被掳走。至此，西周宣告灭亡。

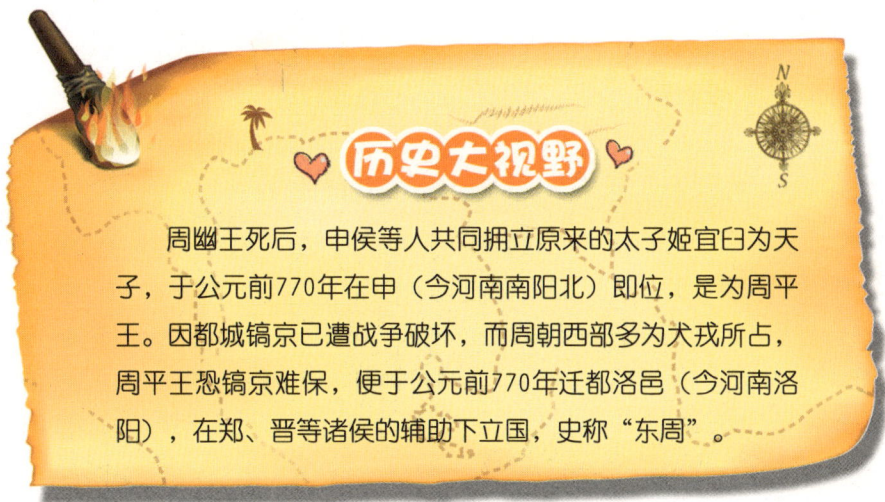

历史大视野

周幽王死后，申侯等人共同拥立原来的太子姬宜臼为天子，于公元前770年在申（今河南南阳北）即位，是为周平王。因都城镐京已遭战争破坏，而周朝西部多为犬戎所占，周平王恐镐京难保，便于公元前770年迁都洛邑（今河南洛阳），在郑、晋等诸侯的辅助下立国，史称"东周"。

图书在版编目（CIP）数据

原来古代是这个样子 / 邢越主编. —成都：天地
出版社，2020.7
（历史就是这么有趣）
ISBN 978-7-5455-5719-0

Ⅰ. ①原… Ⅱ. ①邢… Ⅲ. ①中国历史—古代史—少
儿读物 Ⅳ. ①K220.9

中国版本图书馆CIP数据核字（2020）第084468号

INTERESTING
HISTORY

历史就是这么有趣

▶ 原来古代是这个样子

YUANLAI GUDAI SHI ZHEGE YANGZI

出 品 人	杨　政	印　　刷	水印书香（唐山）印刷有限公司
主　　编	邢　越	版　　次	2020年7月第1版
责任编辑	李红珍　李菁菁	印　　次	2020年7月第1次印刷
责任印制	董建臣　张晓东	开　　本	720mm×975mm　1/16
出版发行	天地出版社	印　　张	10
	（成都市槐树街2号　邮政编码：610014）	字　　数	160千字
	（北京市方庄芳群园3区3号	定　　价	25.00元
	邮政编码：100078）	书　　号	ISBN 978-7-5455-5719-0
网　　址	http://www.tiandiph.com		
电子邮箱	tianditg@163.com		
经　　销	新华文轩出版传媒股份有限公司		